René Bickel

Vaccineren
DE GROTE ILLUSIE

Mayra Publications

Oorspronkelijke titel

VACCINATION : LA GRAND ILLUSION

Copyright: © 2003 - © 2018 René Bickel

Voor de Nederlandse vertaling: © 2019 René Bickel and Mayra Publications

Omslagontwerp en illustraties: René Bickel

Vertaald vanuit het Engels door Sietse H.W. Werkman

Jaar van uitgave: 2019

Uitgave: Mayra Publications

ISBN: 978-90-79680-917

Alle rechten voorbehouden

Auteursrecht wereldwijd beschermd door *La Ley Federal del Derecho de Autor*. Ingeschreven in Mexico in het *Registro Público del Derecho de Autor* met het nummer 03-2014-040412165800-14.

Niets uit deze uitgave mag worden opgeslagen in een geautomatiseerd gegevensbestand, verveelvoudigd of openbaar gemaakt in enige vorm of op enige wijze, hetzij elektronisch, mechanisch, door fotokopieën, opnamen of op enige andere manier, zonder voorafgaande schriftelijke toestemming van de auteur en de uitgever.

Deze uitgave is met de grootste zorgvuldigheid samengesteld. De auteur en de uitgever stellen zich echter niet aansprakelijk voor mogelijke schade als gevolg van eventuele onjuistheden en/of onvolledigheden in deze uitgave.

Ter vrijwaring van de uitgever, verklaart de auteur zich volledig verantwoordelijk voor de tekst en inhoud van dit boek.

All rights reserved. Copyright worldwide protected by "International treaties" and "Mexican Federal Law". Registered in México: *Registro Público del Derecho de Autor* with the number 03-2014-040412165800-14.

No part of this work may be reproduced in any form by print, photo print, microfilm or any other means without written permission of the publisher.

The views expressed herein are the personal views of the author and are not intended to reflect the views of the publisher.

*Als je de gevaren niet kent, is vaccineren een domheid.
Als je de gevaren wel kent, een misdaad*

Dr. med. Franz Hartmann

Voorwoord

Harold E Buttram, MD
Gecertificeerd in Milieugeneeskunde
Board Certified, Environmental Medicine (USA)

Als arts die vijftig jaar geneeskunde heeft beoefend, zag ik veel gevallen waarin patiënten duidelijke bijwerkingen ondervonden van vaccins, die andere artsen als zodanig niet herkenden. Al vroeg in mijn praktijk zag ik de ernstige schade die vaccins en vaccinaties aan kinderen veroorzaakten. Daarom stak ik veel van mijn energie in medisch onderzoek over vaccins. Wat ik ontdekte, was rampzalige informatie die vaccinproducenten in hun studies niet publiceren.

Als resultaat van persoonlijke ervaringen met zowel patiënten als persoonlijkheden in de wetenschap, heb ik de bewuste beslissing genomen om arts advocaat te worden en mij in te zetten voor vaccinveiligheid en patiënt– en ouderrechten wat betreft informatie over vaccins.

Ik was een van de eersten die artikelen over vaccinschade publiceerde. In die tijd heb ik talloze artikelen en boeken over vaccins geschreven. Ondanks dat mijn onderzoek en werk vanuit een medisch-wetenschappelijk oogpunt is gerealiseerd, kan ik de inspanningen van cartoonist René Bickel in dit boek zeer aanbevelen. Haarscherp beeldt hij uit en beschrijft hij de geschiedenis van vaccins en vaccinaties. Daarnaast onthult hij de gevaren die de geneeskunde en de farmaceutische industrie proberen te verbergen.

Ik prijs mijnheer Bickel voor zijn pogingen de schijn van de werkelijkheid samen te vatten en als een zeer ernstig gezondheidsprobleem te presenteren: vaccins, hun ineffectiviteit en vooral hun schadelijke bijwerkingen.

Ik hoop dat de lezers net zo genieten van zijn cartoons als ik.

Harold E Buttram, MD

Vaccineren: De grote illusie van de gediplomeerde Franse gezondheidsonderzoeker en cartoonist René Bickel is een uniek stripboek over één van de serieuzere medische en veronderstelde preventieve gezondheidszorgmaatregelen van de moderne tijd.

Steeds vaker worden we overspoeld met alarmerende berichten die ons op het belang van vaccinaties wijzen. Moderne psychologische technieken worden gebruikt om ons te manipuleren en onze mening te beïnvloeden. Geregeld jaagt men ons de schrik op het lijf en de roep om een vaccinatieplicht klinkt steeds luider. Het behoud van een vrije vaccinatiekeuze is daardoor in gevaar. Daarenboven klinkt ook de weerstand tegen vaccinaties telkens vaker. Steeds meer mensen willen hun kinderen niet laten vaccineren.

Als je het onderwerp vaccinatie bestudeert komt er veel informatie naar boven, die voor velen van ons onmogelijk te geloven is. *Vaccineren: De grote illusie* nodigt u uit uw ogen te openen voor een mythe die stevig is ingebakken in de maatschappij.

René Bickel illustreert hoe belachelijk en losgeslagen de farmaceutische industrie over vaccinaties eigenlijk is. De auteur heeft zijn eigen specifieke manier om de meest serieuze onderwerpen begrijpelijk te maken, helder, eenvoudig en amusant. Hij gebruikt humor als een wapen.

Dit boek is zowel humoristisch als leerzaam en sluit gegarandeerd aan bij de interesse van een breed publiek. Bovendien spreekt het diegenen aan die minder graag lezen. Het geniale gebruik van de illustraties maakt het vertalen van de verhalen van Big Pharma over vaccins, niet alleen eenvoudig te begrijpen, maar ook verrassend grappig en tegelijk volkomen onlogisch.

Speciaal geschreven zodat jonge ouders, zonder pressie, een "weloverwogen beslissing" kunnen nemen om hun kinderen wel of niet te laten vaccineren.

Dr. med. Catherine Frompovich

> *In de kranten en de encyclopedieën, in scholen en universiteiten, overal worden enorme fouten gemaakt, maar men maakt zich er geen zorgen over, omdat men weet dat men de meerderheid aan zijn kant heeft.*
> — Goethe

Presentatie

Hallo! Ik ben Sanarix. Mijn vriendin heet Libertix.
Wij presenteren dit boek om uiterst belangrijke informatie te geven over uw gezondheid en leven.

Iedereen zou dit boek moeten lezen.

Alle informatie in dit boek kan wetenschappelijk en historisch geverifieerd worden.

Dit boek bevat een bibliografie om het te verantwoorden.

Zij die vaccins produceren willen niet dat ouders en gezondheidswerkers de feiten weten, omdat het hun goudmijntje zou ruineren.

Ons is geleerd en voorgelogen dat vaccinaties ziekten voorkómen en levens hebben gered.

Als je het onderwerp vaccinatie bestudeert komen er vele vragen naar boven, die voor velen van ons onmogelijk te geloven zijn. Maar stel nu eens dat het tegenovergestelde waar is! (met andere woorden, dat vaccinaties ziektes niet voorkómen, maar eraan bijgedragen hebben).

Is het niet erg geruststellend als je wordt geleid door de goede Pasteur?

Gemeenschappen hebben de neiging minder door mensen met een geweten, dan met een gevoel voor verantwoordelijkheid te worden geleid. Hoeveel misère veroorzaakt dat wel niet voor het mensdom! Het is de oorzaak van oorlogen en elke soort van onderdrukking die de wereld vervult met pijn, zuchten en bitterheid.
Dr. Albert Einstein

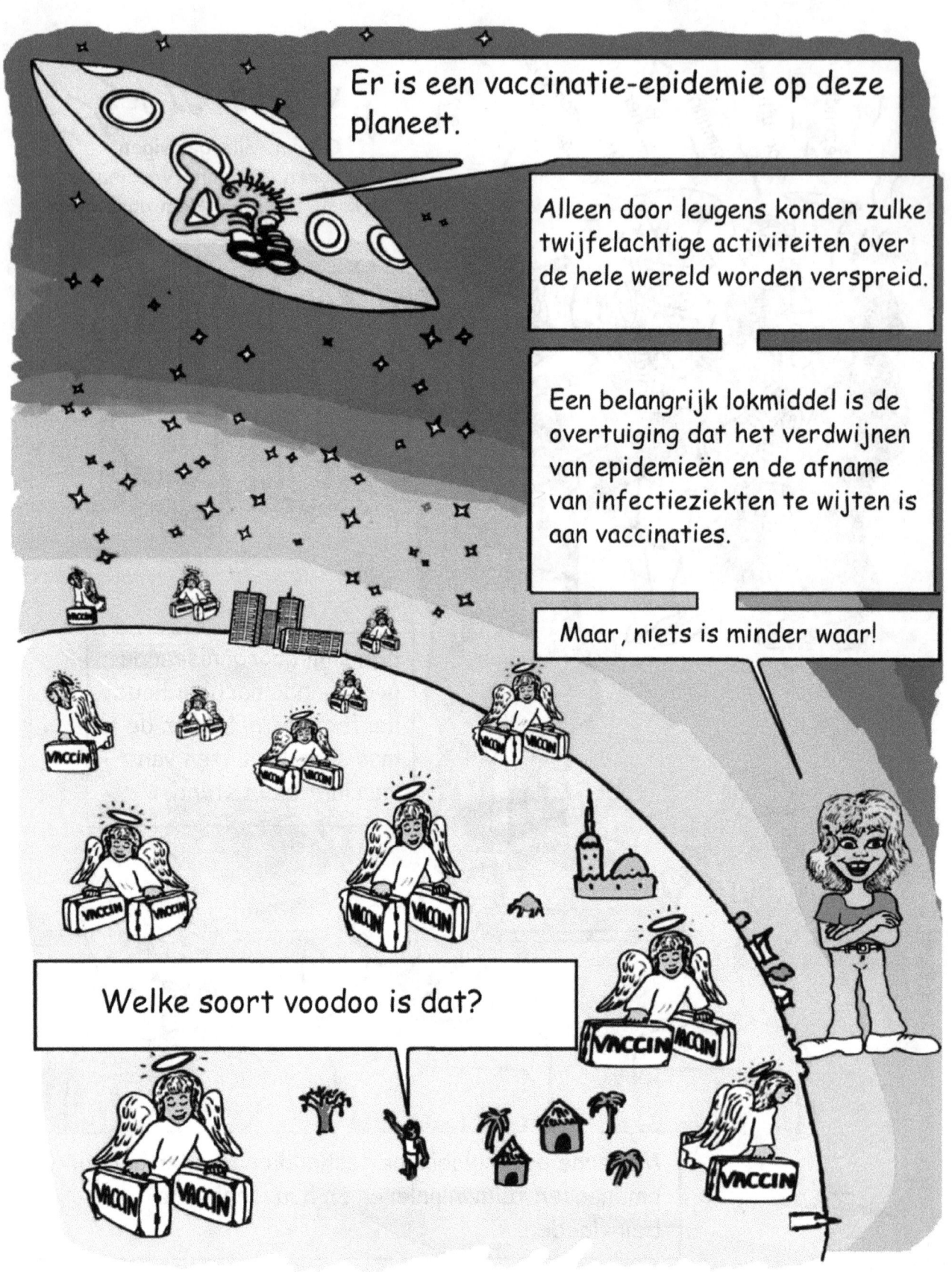

Oorzaken van epidemieën van besmettelijke ziekten

Veel ziekten worden veroorzaakt door slechte eetgewoonten en emotionele stress die leiden tot een opeenhoping van toxische stoffen in het lichaam.

In het verleden vonden epidemieën plaats tijdens periodes van ontwrichting door oorlogen, gevolgd door honger, onhygiënische en ellendige leefomstandigheden.

Ze verbranden onze oogst!

Hoe loopt het met ons af?

Slaven aan het begin van het industriële tijdperk

Je zou ze elke morgen in de stad moeten zien aankomen en weer weggaan elke avond. Onder hen is een grote groep bleke, magere vrouwen, die op blote voeten door de modder loopt... en een nog grotere groep kinderen, niet minder mager, gekleed in vodden, die helemaal onder de olie van de machines zit.

Dr. Villermé (1840)

Ons wordt over de ethiek van het leven gezegd dat we geen zelfmoord mogen plegen. Maar, elke dag plegen we zelfmoord als we binnen ruimten blijven waar de zon niet kan doordringen.

Ik pleeg zelfmoord als ik uren doorbreng met werk waarvan ik weet dat het zinloos is.

Ik pleeg zelfmoord als ik mijn maag niet vul met voldoende en met kwalitatief voldoende voedsel dat ik nodig heb.

Ik pleeg zelfmoord elke keer als ik mensen en wetten gehoorzaam die me onderdrukken.

LIBERTAD (1907)

De leefomstandigheden van de arbeiders waren onmenselijk. Dagelijks werkten ze twaalf tot zestien uur, soms vanaf dat ze kind waren.

Door een gebrek aan middelen, werden gezinnen ondergebracht in schamele huizen in ongezonde krottenwijken, zonder schoon water, zonder toilet, en in kamers waar geen zonlicht kwam.

"Te leven, betekende voor deze mensen niet doodgaan..."

Deze tragische zin is van dokter Guépin, die in 1835 het leven van een thuiswerkende wever in Nantes beschrijft:

"Als je wilt weten hoe hij woont, ga dan naar de straat met de mest. Die wordt bijna uitsluitend door deze klasse bewoond. Ga naar binnen, buig je hoofd, en loop een van deze beerputten binnen.

Je moet door de steegjes hebben gelopen waar de lucht vochtig en koud is als in een kelder. Je moet gevoeld hebben dat de voeten van deze mensen op de vuile grond uitgleden en dat zij bang waren om in de modder te vallen, om een idee te krijgen van het vreselijke gevoel dat men gehad moet hebben als ze thuis kwamen.

Loop maar naar binnen, als de vieze geur die je inademt je ten minste niet doet terugdeinzen. Wees voorzichtig, want de ongelijke vloer is niet verhard of betegeld.

Als ze toch betegeld zijn, dan zijn de tegels bedekt met zo'n dikke laag vuil, zodat je ze helemaal niet kunt zien.

En je ziet drie of vier bedden, die scheef staan en krakkemikkig in elkaar zijn gezet, omdat het touw niet goed aan het frame vastzit. En ergens staat een bankje, dat gemaakt is van een flinterdunne deken, die zelden is gewassen omdat er maar één is.

Dit is de plaats waar, vaak zonder vuur in de winter, zonder zonlicht overdag, in het schamele licht van een kaars met hars, iemand veertien uur per dag moest werken voor een salaris van 15 tot 20 sous (0,75 tot 1,00 cent).

De arbeiders in de fabrieken, waaronder veel vrouwen en kinderen, waren er even ellendig aan toe.

Daarbij kwam een dieet zonder (of met een tekort aan) vitale voedingsstoffen zoals eiwit en vitamine C (1). Vandaar dat alle omstandigheden aanwezig waren om een hoog sterftecijfer te veroorzaken door infectieziekten en snelle veroudering.

(1) Vitamine C speelt een cruciale rol in de stofwisseling van het lichaam.

Geconfronteerd met meedogenloze bazen die vaak politieke autoriteiten omkochten, rebelleerden arbeiders ondanks de gewelddadige onderdrukking. Dankzij de vele mannen en vrouwen die mishandeld zijn en veel hebben geleden, zijn de voorwaarden die essentieel zijn voor de gezondheid geleidelijk verbeterd. Burgerlijke en maatschappelijke veranderingen zorgden voor aanzienlijke verbeteringen in de gezondheid, die ten onrechte worden toegeschreven aan medicijnen en met name vaccins.

De vaccins, die geleidelijk aan opdoken, speelden geen heilzame rol in de gezondheid: integendeel.

De dokters gaan met de eer aan de haal die in feite de loodgieters en de boeren toekomt! Dankzij hen zijn de hygiëne en het voedsel aanzienlijk verbeterd. Door goede voeding wordt je immuunsysteem stukken beter en ben je lang niet zo ontvankelijk voor ziekten.

Peter Duesberg, Professor cellulaire en moleculaire biologie aan de Universiteit van Berkeley, CA.

Vaccintheorie

Vaccinaties bestaan uit het stimuleren van het immuunsysteem door het inbrengen van een microbiële agressor - hetzij verzwakt, gedood of vervaardigd door genetische manipulatie - in het lichaam.

Vaccineren tegen een besmettelijke ziekteverwekker of ziektekiem zorgt er vermoedelijk voor dat het immuunsysteem een herinnering aan die ziekteverwekker voor een bepaalde - eerder een onzekere - tijd behoudt.

Echter, deze theorie blijkt niet te kloppen door de ontdekking en observaties van de moderne immunologie.

Kijk uit! We houden je in de gaten!

De microbe is niet de oorzaak van ziekte. We moeten ons niet laten meeslepen door deze "inactieve" luie allopathische dromen en ijdele verbeeldingen, maar zouden de Vital Force (vitaliteit) moeten corrigeren.
Dr. James Tyler Kent: *Repertorium der homopathischen Arzneimittel*, 1997.

KOE-NATIE

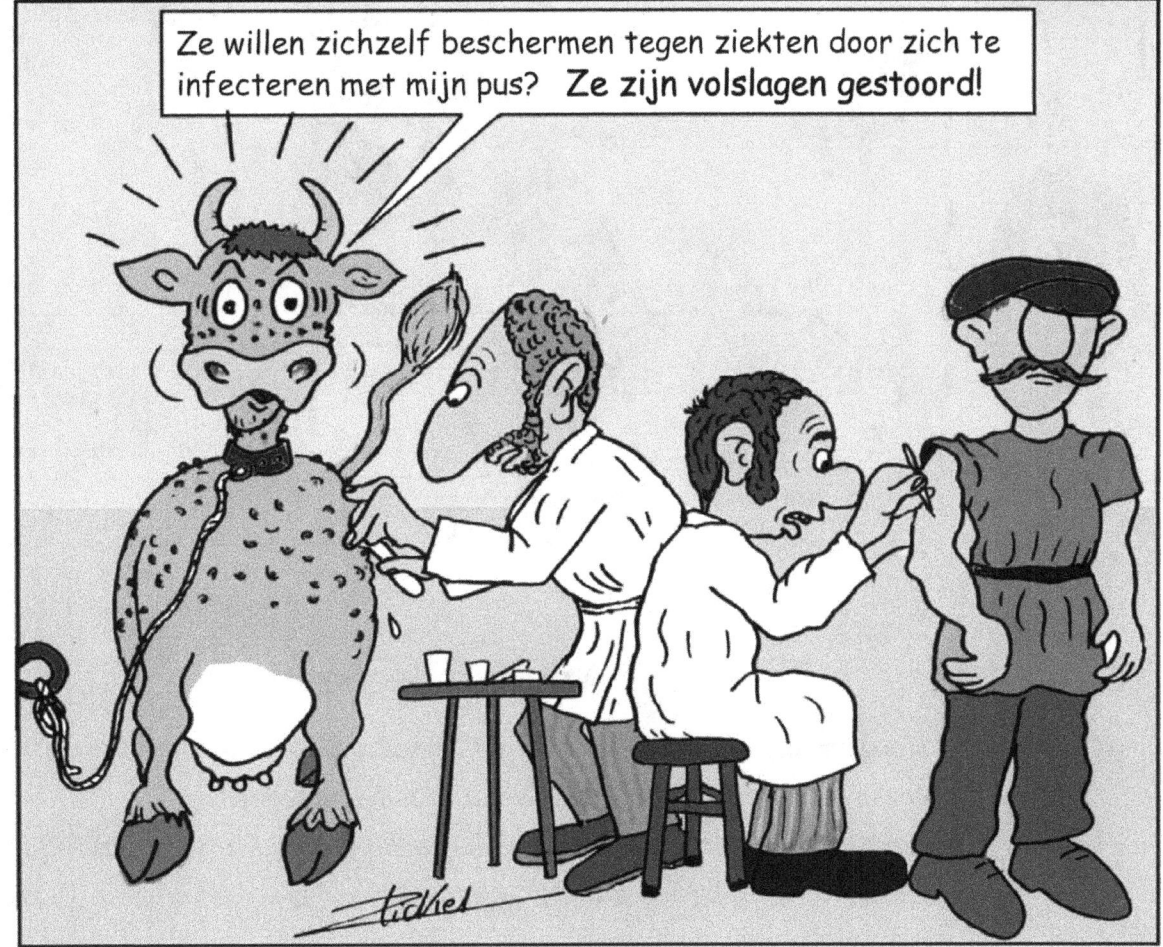

In 1880, en in de jaren daarna, werd een chemicus, Louis Pasteur, beroemd door plagiaat te plegen met het werk van zijn tijdgenoot, Prof. Béchamp. (1)
Het werk van Béchamp is van wetenschappelijk hoog niveau, maar wordt genegeerd, omdat het niet past bij het model van de farmaceutische industrie die geld wil verdienen aan ziekte.

Professor Antoine Béchamp

(1) Hoogleraar aan de School voor Farmacie in Straatsburg.
Professor aan de Medische Faculteit te Montpellier.
Eerste decaan van de Faculteit Geneeskunde en Farmacie in Lille.
Master of Conference aan de Academie voor Geneeskunde in Parijs.

(1) Dr. Toussiant uit Toulouse was de uitvinder.
(2) Kaliumdichromaat is een zeer giftige stof die de interne omgeving verandert en uiteindelijk leidt tot degeneratie (Professor Louis Claude Vincent).

Na het experiment in Pouilly Le Fort, begonnen andere landen met het maken van een anthrax-vaccin. Dat werd een totale mislukking. Ongeveer 200.000 schapen kwamen om als gevolg van het vaccin dat bereid werd volgens de formule van Pasteur. (1)

(1) Louise L. Lambrich: *Les vérités médicales*, 22 Juli 2013, Paris.

Gelukkige proefkonijnen

Op 6 juli 1885 experimenteerde Pasteur met een hondsdolheidvaccin dat door Dr. Galtier uit Lyon was bedacht. Joseph Meister, een jongen van negen jaar oud uit de Elzas, werd door Pasteur met dit verzonnen vaccin ingeënt.

Ik ben Joseph Meister. Op de ochtend van 4 juli, terwijl ik op zoek was naar gist voor mijn vader die bakker in Steige is, werd ik gebeten door een hond.

Niemand weet of de hond echt hondsdolheid had.

Ik ben Jean Baptiste Jupille, die volgens officiële verslagen gered ben van hondsdolheid door het vaccin. Maar de hond die mij beet had geen hondsdolheid.

Ik ben Theodore Voné, en mijn hond heeft Joseph Meister gebeten. Mijn hond heeft twee andere jongens en mijzelf ook gebeten. Geen van allen zijn we behandeld.

Na deze twee gevallen, haastte Pasteur zich om 'zijn' vaccin-procedure aan de Academie van Wetenschappen voor te leggen.

Een valse getuigenis

Terwijl het nieuws over de 'blijkbare overwinning over hondsdolheid' zich over de wereld begon te verspreiden, behandelt Pasteur een derde kind dat gebeten is door een onbekende hond. Het kind stierf aan hondsdolheidsymptomen, die 'laboratoriumhondsdolheid' worden genoemd.

Professor Brouardel, de jonge Jules Rouyer is dan wél aan de hondsdolheidbehandeling overleden!

Ah ja! ... Maar in het autopsieverslag heb ik "dood na een niervergiftiging" geschreven. Anders zou het een terugval van 50 jaar in de ontwikkeling van de wetenschap betekenen. Dat moeten we vermijden. (1)

Post mortem ruimte

GEEN TOEGANG

Prof. Brouardel was een vriend van Pasteur

Meneer Pasteur geneest hondsdolheid niet, hij veroorzaakt het.

Dr. Lutaud in een Studie over hondsdolheid en de Methode Pasteur.

(1) **Adrien Loir** (neef en naaste medewerker van Pasteur) in *In de schaduw van Pasteur: persoonlijke herinneringen*, 1938.

Philippe Decourt: *Unwanted Truths: The Pasteur Case*
Édition La Vieille Taupe, 1989.

Xavier Raspal: *Raspal en Pasteur, dertig jaar medische en wetenschappelijke kritiek*, 1916.

Dr. Nancy Appleton: *The Curse of Louis Pasteur*, O.A. 1999.

Hondsdolheid, een bestraffing van God?

(1) Ethel Douglas Hume: *Béchamp or Pasteur? - A Lost Chapter in the History of Biology*, 2018.
Dr. Éric Ancelet: *Pour en finir avec Pasteur : Un siècle de mystification scientifique*, 1999.

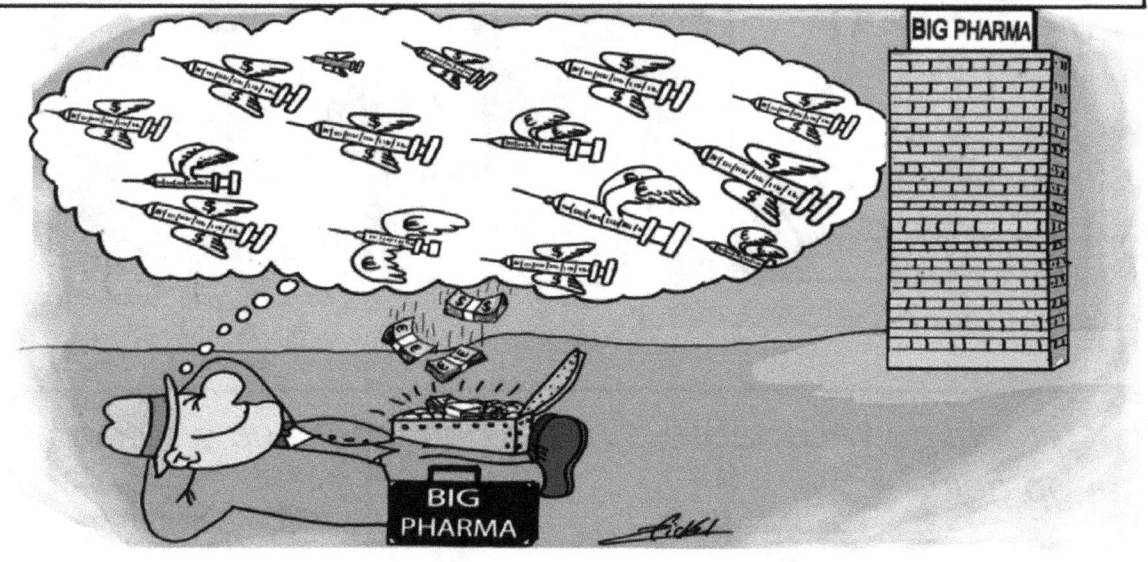

> *Elke vaccinatie is een schandaal als het tegen een wetenschappelijk licht wordt gehouden.*
> Dr. Jacques Maurice Kalmar

> *Monsterachtige vaccinaties zijn niet gebaseerd op wetenschap, maar op geld.*
> Professor Jules Tissot

Magische statistieken

Knoeien met de grafieken

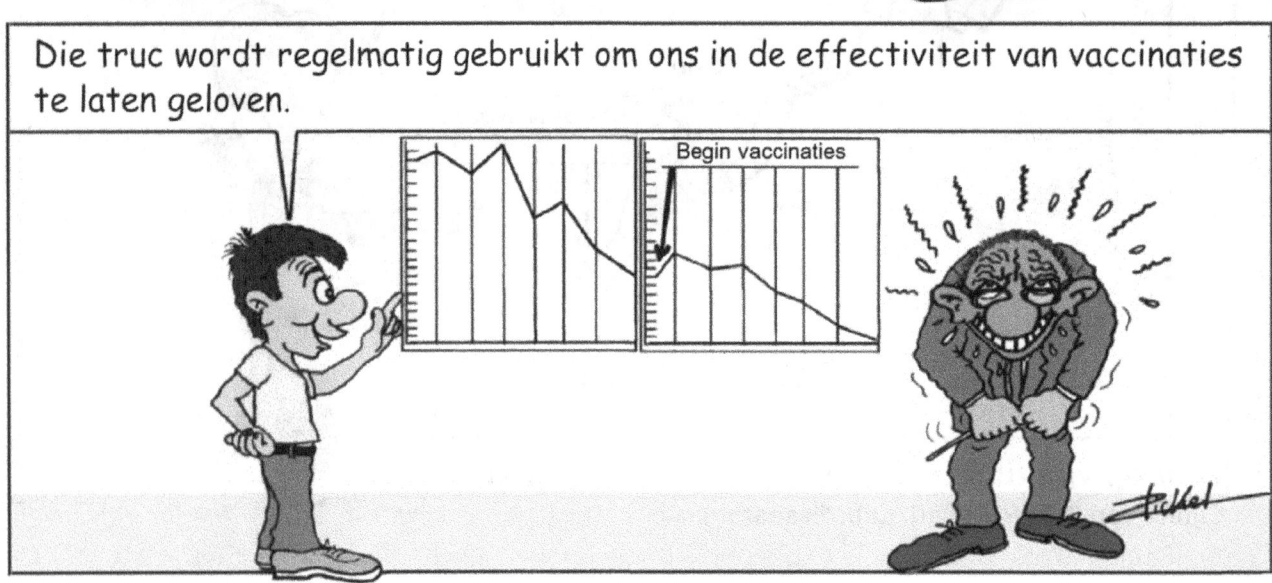

Difterie: wederom een misleidend vaccin

Het interesseert hun zelfs niet dat er duizenden kinderen kunnen sterven.

In 1941 werden de kinderen in Frankrijk gevaccineerd tegen difterie. Maar dat voorkwam niet dat de gevallen van difterie in 1943 verdrievoudigden.

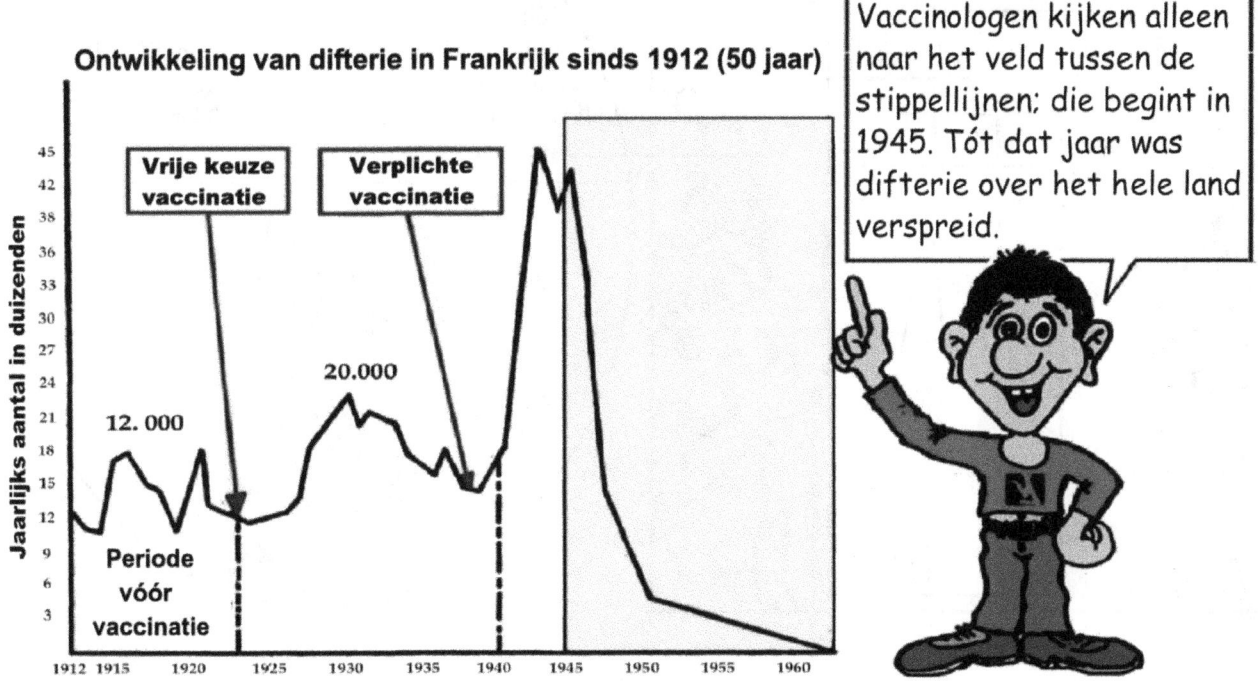

Difteriestatistieken in Berlijn van 1938 tot 1950 in samenhang met de vaccinaties

Aantal doden per 100.000 inwoners. Logaritmische schaal

Diphtherie

(1) Fernand Delarue: *Les vaccinations n'ont pas fait régresser les épidémies*, Paris 1982. (Vaccinaties hebben geen invloed gehad op de epidemieën).

Pokken: een aantal feiten van de vele die er zijn

In mei, 1871, stelden Engelse medische autoriteiten dat 87,5 procent van de populatie was gevaccineerd. En toch, werd het jaar daarop het land door de ergste epidemie in z'n geschiedenis getroffen. Het resulteerde in 44.840 doden.

In Schotland, het meest gevaccineerde land in die tijd, stierven tussen 1855 en 1875 meer dan 9000 gevaccineerde kinderen aan de pokken.

Pokken doodden 120.000 mensen in Duitsland tussen 1870 en 1871 (96 procent was gevaccineerd)!

Deze voorbeelden laten zien dat door vaccinatie het aantal gevallen van pokken toenam. (1)

Bijna een eeuw later moest de WHO toegeven dat het massale vaccineren niet de reden was dat pokken uitgeroeid zijn, en dat zonder isolatie van patiënten en het toezien op de contacten die de patiënten hadden met anderen, de epidemieën waren doorgegaan.

(1) Fernand Delarue: *Les vaccinations n'ont pas fait régresser les épidémies*, Paris 1982.

Volgens het Officiële Rapport van de Amerikaanse Inspecteur Generaal Leonard Wood, voorzitter van de "Missie van Onderzoek" in de Filippijnen.

Ik ben er vast van overtuigd dat niet kan worden aangetoond dat er een logisch verband bestaat tussen vaccinatie en de daling van het aantal gevallen van pokken. De meeste mensen stierven aan pokken die ze opliepen nadat ze werden gevaccineerd.

Dr. J.W. Hodge, *The Vaccination Superstition: Prophylaxis to Be Realized Through the Attainment of Health, Not by the Propagation of Disease; Can Vaccination Produce Syphilis?*, Forgotten Books, 2017.

Het vaccin tegen pokken heeft geen nut. Het is een blauwe waas.

Dr. med. Hugo Meyer

Vaccins zijn de moderne Aqua Toffana.

Professor Dr. med. Hirschel

Tuberculose en het BCG-vaccin (Bacillus Calmette-Guérin)

Die BCG-Mafia

Sommige dokters hadden ernstige bezwaren tegen het BCG-vaccin. Hun belangrijkste argument is simpel: Als tuberculose geen ziekte is waar je tegen kunt worden geïmmuniseerd, dan kan het BCG-vaccin niemand beschermen tegen TBC.

Daarbij is het duidelijk geworden dat de BCG-vaccinatie zelf tot tuberculose kan leiden.

Ze hebben sterke argumenten, maar wij hebben de middelen om de situatie volledig te reguleren.

Als een bus met veertig schoolkinderen in een ravijn stort, staat het in alle kranten over de hele wereld. De honderden kinderen die jaarlijks sterven aan het BCG-vaccin blijven echter anoniem... De gans die de gouden eieren bij het Pasteur-instituut legt, zou in de kookpot terecht komen! De medische wereld mag in geen geval geïnformeerd worden.

Leer een afschuwelijke waarheid: elke keer als u het vreselijke nieuws hoort over een kind dat is gestorven in de eerste paar weken van zijn leven door een 'virale hersenvliesontsteking', dan dient u het BCG-vaccin te verdenken. Zelfs als de autopsie de klassieke diagnose van hersenvliesontsteking (encefalitis) bevestigt.

Als de dokter, die verantwoordelijk is voor zo'n gruwelijk iets, zich bewust is van de oorzaak en het gevolg effect, is hij een briljante moordenaar of een lafaard, omdat hij het geheim houdt. Als hij deze relatie niet begrijpt, dan is hij een gevaarlijke gek, klaar om het opnieuw te doen.

Dr. Jean Elmiger, *La Médecine retrouvée*, 2012.

In 1945 was Nederland het land dat het zwaarst getroffen werd door de verschrikkingen van tuberculose. Zonder ooit gebruik te hebben gemaakt van het BCG-vaccin, was in 1974 de ziekte zo goed als voorbij. Sterker nog, de plaag van tuberculose werd alleen maar groter waar het BCG-vaccin nog steeds werd gebruikt.

Statistiek van het Ministerie van Gezondheid (1974).

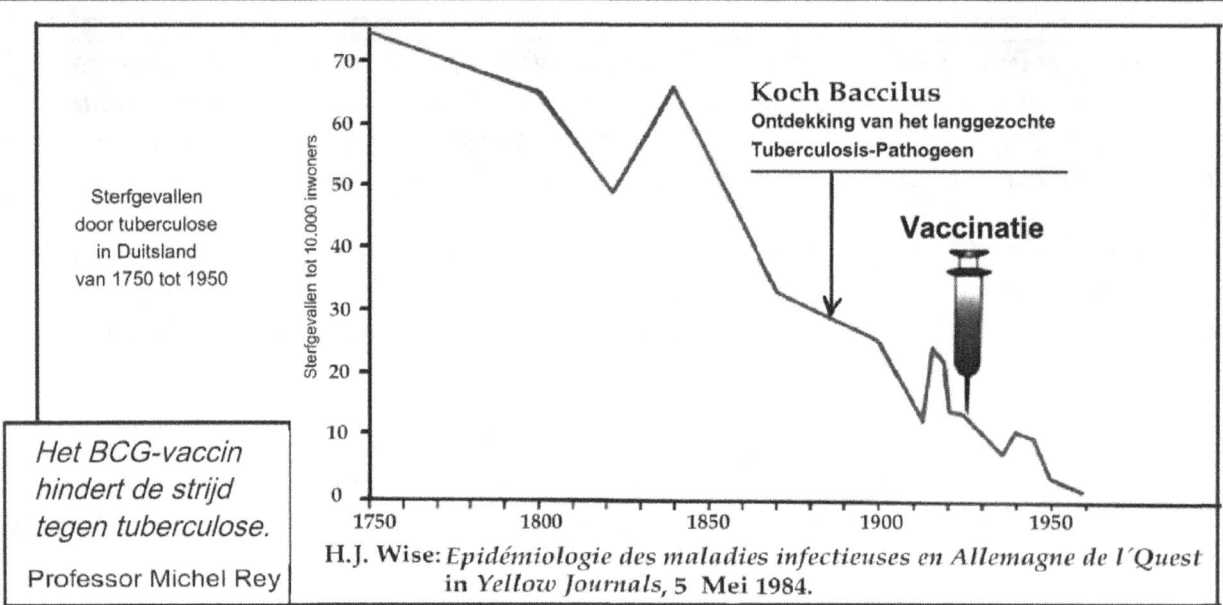

Het BCG-vaccin hindert de strijd tegen tuberculose.
Professor Michel Rey

H.J. Wise: *Epidémiologie des maladies infectieuses en Allemagne de l'Quest* in *Yellow Journals*, 5 Mei 1984.

Het vaccineren met het BCG-vaccin zonder specifieke indicatie heeft alleen maar nadelen en is gevaarlijk. Dit vaccin moet daarom doorgestreept worden in onze tuberculosecatalogus met onze controlemechanismen, zonder een vervanger. Volgens ons is het BCG-vaccin niet meer wetenschappelijk valide en is het medisch gezien niet langer relevant.

Prof. Dr. Med. Dr. Phil. Enno Freerksen (1)

(1) In Frankrijk verplicht tot 2007.
(2) Dr. Goudreau, Directeur van het Nationale Comité tegen tuberculose en Professor Parienté, longarts, in *Contours Médical,* BAND 96, 1974.

De vegetariërs hebben altijd al beweerd dat door het eten van vlees je zelf ook 'beestachtig' wordt. Wie praat hier over eten? Het wordt geïnjecteerd door de huid, buiten de verdedigingsmechanismen van je lichaam om. De Calmette en Guérin partners hebben niet zomaar een dier gekozen. Ze kozen de koe. Dit vredelievende rund wordt langzaam maar zeker de analogie en de quasi ouderlijke link tussen het grote Franse gezin.

Dr. Jean Elmiger: *Rediscovering Real Medicine: The New Horizon of Homeopathy*, 2001.

Poliomyelitis (kinderverlamming): een vaccin tegen elke prijs

Poliomyelitis (kinderverlamming): een vaccin tegen elke prijs II

(1) Dr. Auguste Pierre Neveu, *Comment prévenir et guérir la poliomyélite: Traitement cytophylactique des maladies infectieuses par le chlorure de magnésium*, Dangles, 1968.

(2) Frederick Robert Klenner, (MD), *20.000 Mg Vitamin C Taglich, heilt Kinderlahmung in 72 Stunden*, Books on Demand, 2016.

(3) Professor André Lwoff (Nobelprijs voor medicijnen), *Remarques sur quelques caractères du développment du virus de la poliomyélite*, Académie des Science 1970.

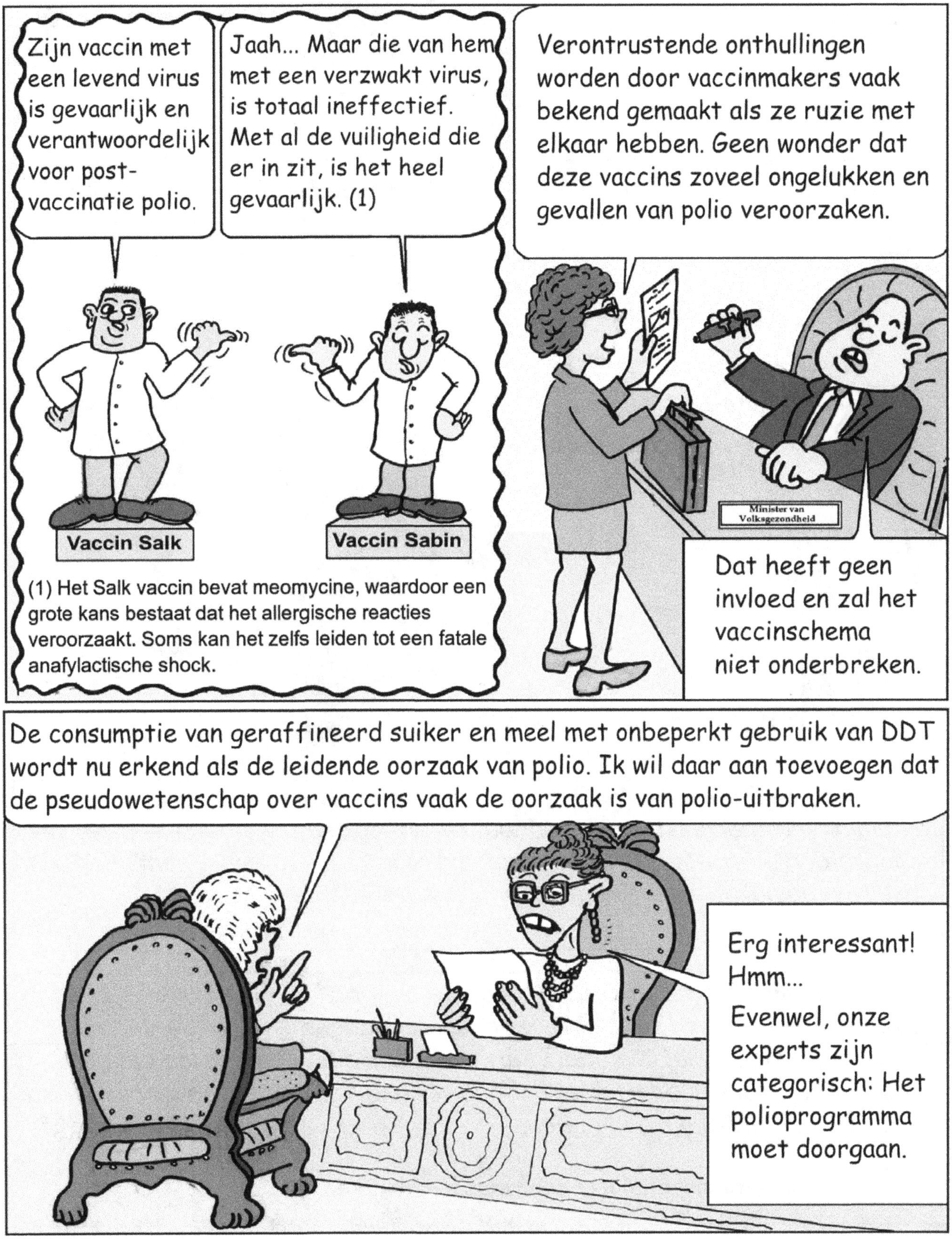

Bijna alle gevallen van polio die geregistreerd zijn in de V.S. tussen 1980 en 1994, werden veroorzaakt door het toedienen van het verzwakte orale vaccin.
Dépêche AFP, 1 Februari 1997.

Sinds 1957 registreert de WHO in hun statistieken alleen de vorm van polio die verlamming veroorzaakt, terwijl vóór dat er gevaccineerd werd alle vormen van polio werden geregistreerd. Deze vorm van registratie lijkt een afname van de gevallen van polio aan te geven, maar is niet de waarheid.
Viera Scheibner, PhD (Australische expert)

In tegenstelling tot wat men altijd geloofde over poliovirusvaccins, is er nu bewijs dat een levend vaccin niet kan worden toegediend zonder het risico op verlammingen. Het levende, virale poliovaccin heeft als risico om door polio veroorzaakte kinderverlamming teweeg te brengen bij gevaccineerden en bij de contacten die ze hebben.
Dr. Jonas Salk

SALK produceerde het originele poliovaccin in de jaren '50

De afname van tetanus begon vóór dat het tetanusvaccin aan de bevolking werd toegediend.

Medical Journal of Australia, 1978.

Hepatitis B: een spookepidemie

Hepatitis B: het bloedbad

Dit vaccin tast in ernstige mate de gezondheid van de kinderen, die ermee gevaccineerd zijn, aan. Studies laten ernstige auto-immuunreacties en neurologische complicaties zien.

Twintig jaar oud en al in een rolstoel! Dank u farmaceutische industrie, dat u me beschermd hebt tegen hepatitis B.

Graag gedaan!

De aanwezigheid van hersenoedeem bij erg jonge kinderen, die spoedig na een vaccinatie overlijden, is zorgwekkend. Kinderen onder de leeftijd van veertien hebben een grotere kans om te overlijden aan het hepatitis B vaccin dan dat ze de ziekte werkelijk krijgen.

Jane Orient, MD, Directeur van de Vereniging van Amerikaanse huisartsen en operatieartsen.

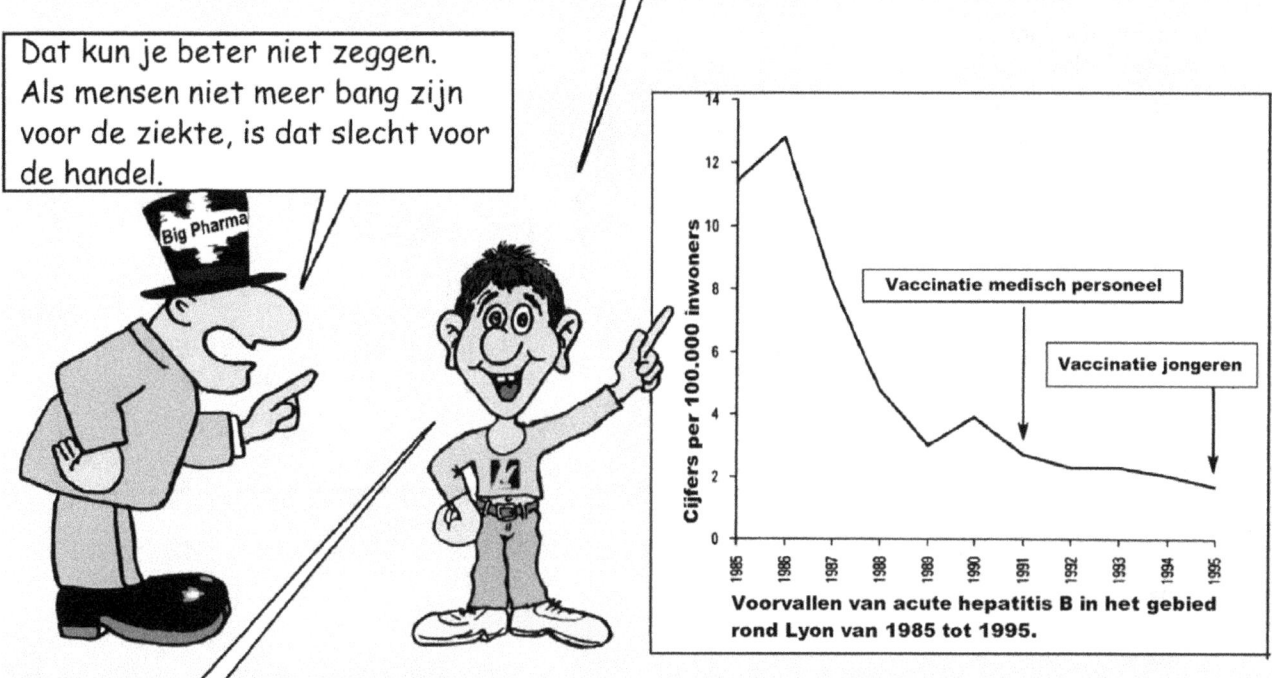

Mazelen

Sterftecijfers door mazelen in de Verenigde Staten

Sterftecijfer volgens Staatregister: 1900-1932 en 1933-1960

Sterftecijfers per 100.000 inwoners

Volgens *IAS Nieuwsbrief. Vol 10, Nr.1 en 2*, Nieuwe Zeeland

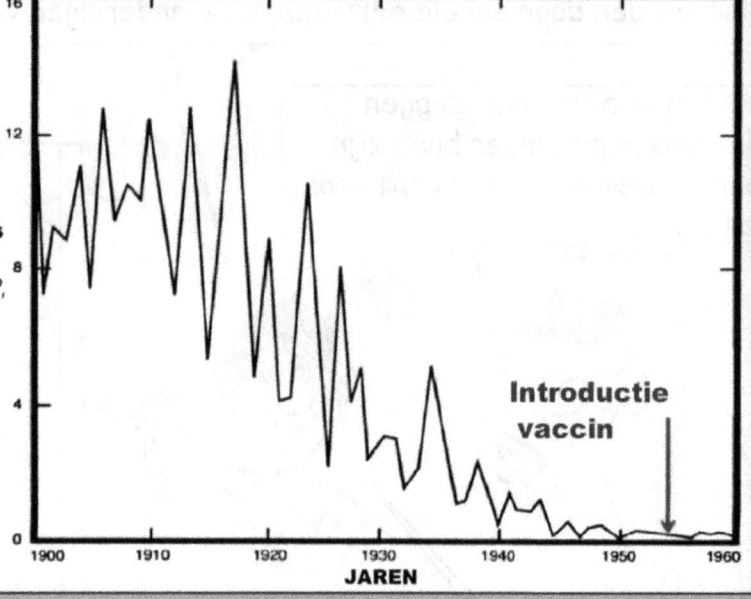

Sterftecijfers door mazelen in Frankrijk

Aantal jaren geen cijfers

Beschikbare cijfers: 1922-1924 en 1937-1939.

Annuaire statistique de France
(Statistische index van Frankrijk)

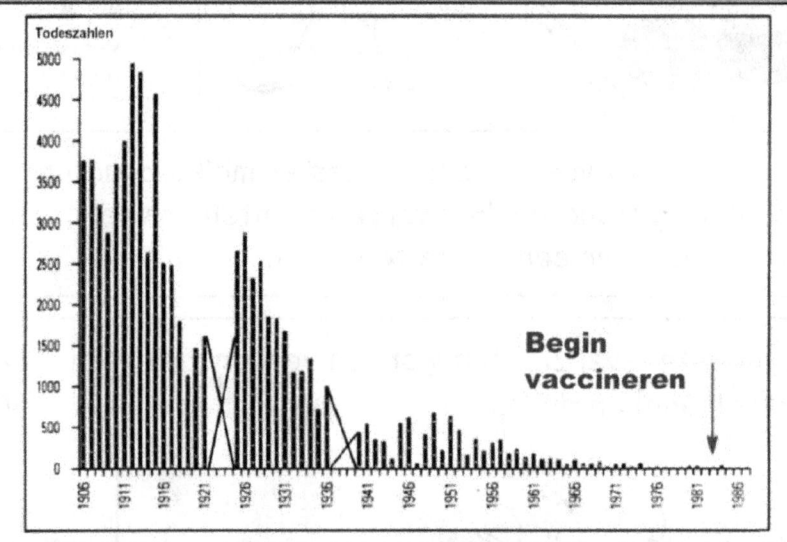

> Bestudeer deze tabellen. Niemand kan zeggen dat er minder doden door mazelen zijn dankzij vaccinaties.

> Het is belangrijk om te weten dat mazelen, net als andere besmettelijke ziekten, het immuunsysteem van kinderen versterken en verbeteren met een levenslange immuniteit.

> Elk sterfgeval door mazelen kan alleen worden toegeschreven aan een aangetast immuunsysteem en gebrekkige behandelingen.

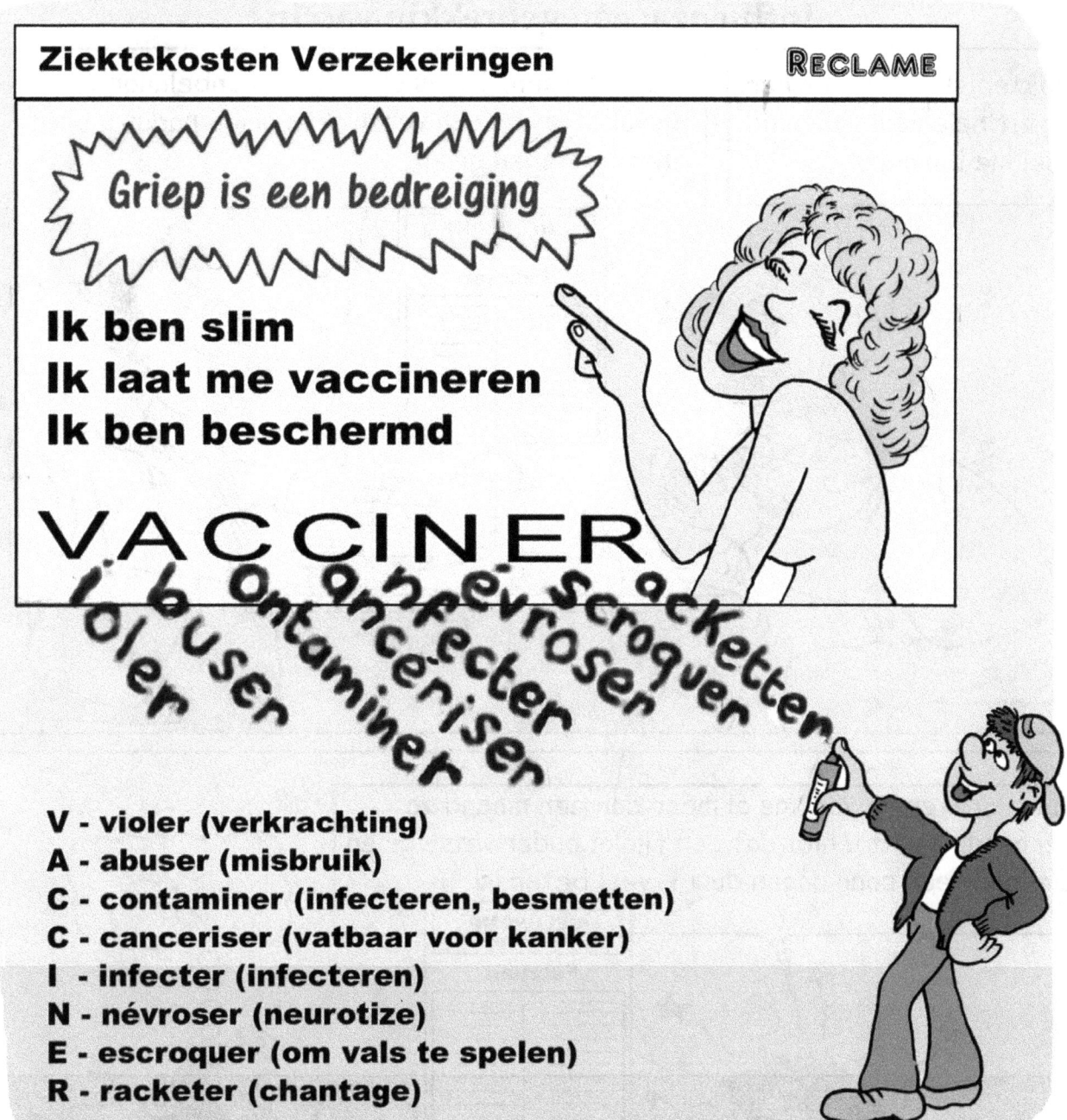

Influenza: een gebrekkig vaccin

Ik heb geluk. Mijn ouders hebben een praktijk voor natuurlijke geneeswijzen. Van hen weet ik dat virussen niet noodzakelijkerwijs de oorzaak zijn van de griep.

En ik heb geleerd dat, zelfs al zijn virussen erbij betrokken, het vaccin nog steeds niet zou werken.

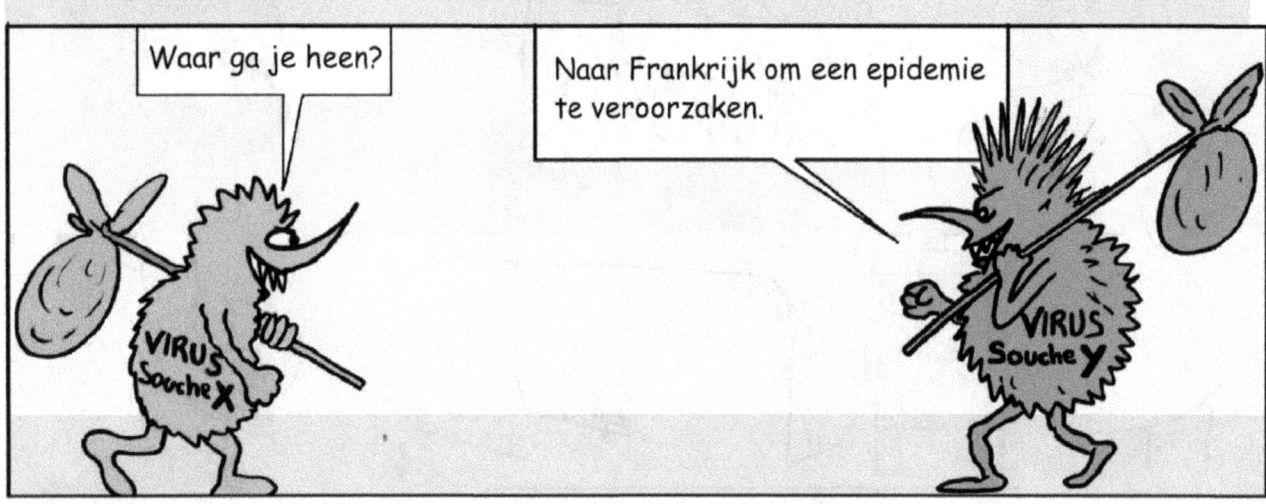

Waar ga je heen?

Naar Frankrijk om een epidemie te veroorzaken.

Je krijgt vast geen problemen. Jouw stam zit niet in hun nieuwe griepprik.

Het griepvirus is net zo veranderlijk als een kameleon

Professor John Oxford in: *Courrier International*, Februari 1998.

Griep: agressie of bevrijding?

Een acute ziekte is niets anders dan een poging van de natuur die met alle macht probeert om de gezondheid van de patiënt te herstellen, door de ziekteverwekker te elimineren.
              Thomas Sydenham in: *The English Hippocrates (1624-1689).*

Wat ons werkelijk geneest van ziekten zijn de natuurlijke krachten in ons.

Hippocrates

Shaken Baby Syndroom: nog een bijwerking van vaccinaties

Schattingen zijn dat de helft van de zuigelingensterfte kan worden toegeschreven aan een vorm van kindermishandeling die geclassificeerd is als Shaken Baby syndroom, ook wel genoemd Non-accidental Trauma, waarvoor ouders wettelijk worden vervolgd.

Bloedingen onder het hersenvlies kunnen, samen met andere ziekten die gerelateerd zijn aan vaccins, hersenontstekingen veroorzaken als gevolg van bijwerkingen van vaccins.

Vaccins kunnen, en dat doén ze vaak, significante percentages bloedingen onder het hersenvlies veroorzaken, welke, tragisch genoeg, onterecht worden gediagnosticeerd als toegebrachte mishandeling door de ouder of zorgdrager.

Dr. Harold E. Buttram en Dr. Catherine J. Frompovich

Het shaken Baby Syndroom wordt meestal veroorzaakt door een extreem vitamine C-tekort, verwekt door vaccins.

Dr. Archie Kalokerinos

Verworven immunodeficiëntiesyndroom (AIDS)

Als wij doorgaan met het uitbreiden en intensiveren van het vaccineren, kunnen we verwachten dat er binnen een paar decennia een nieuwe ziekte zal uitbreken, die van gevaccineerde samenlevingen.

Professor P. Deloge, *Tendances de la médecine contemporaine*, 1962.

Volgens veel onderzoekers zorgt AIDS voor een complete afbraak van ons afweersysteem. Het wordt onder andere veroorzaakt door frequent vaccineren. (1)

Gebieden in Afrika waar AIDS explodeert tot een pandemie, zijn dezelfde gebieden waar vaccinatiecampagnes hebben plaatsgevonden. (2)

Een vaccin ontwikkelen tegen AIDS? Weet u niet dat vaccins de belangrijkste oorzaak zijn van AIDS! U vraagt veel te veel van me.

Maak je geen zorgen! Wij zullen de effectiviteit van het vaccin aantonen.

(1) Dr. med. Robert E. Willner, *Deadly Deception: The proof that Sex and HIV absolutely do not cause AIDS*, 1994.

(2) Dr. Louis de Brouwer, *Sida: Le Vertige. Résultat criminal de la recherche ? Maladie nouvelle engendrée par les vaccinations ?*, 1995.

Als je alle sterfgevallen als gevolg van vaccinaties wereldwijd zou melden, zouden de cijfers zelfs Herodes doen beven!

George Bernhard Shaw

Massale inentingen met levende virussen zijn niet alleen nutteloos, ze zijn ook gevaarlijk. Ze zijn de oorzaak van de verspreiding van AIDS.

Professor Richard Delong, *Live Viral Vaccines: Biological Pollution*, 1996.

Vaccinaties, zoals ze ons gepresenteerd worden, lijken meer op magie dan op immunologie.

Dr. Jacques Maurice Kalmar

Net als bij heilige geschriften is het dogma onfeilbaar. Alles wat men hoeft te doen, is het ritueel van gelukzaligheid en grote openbaringen te volgen.

Dr. Jacques Maurice Kalmar

Vaccins veroorzaken ziekten, ze creëren nieuwe ziekten en ze doden mensen. Het wetenschappelijk bewijs dat het kunstmatig veroorzaken van een ziekte de uitbraak van dezelfde ziekte verhindert, is nooit vastgesteld.

Dr. Paul-Emile Chèvrefils

Wees op je hoede voor valse kennis; het is gevaarlijker dan onwetendheid. De mensheid zou al gelukkig zijn als alle kennis, welke gebruikt wordt om de fouten van mensen te herstellen, gebruikt werd, om ze te vermijden.

George Bernard Shaw

Vaccins veroorzaken een progressieve vorm van artritis, multiple sclerose (MS), Systematische lupus erythematodes (SLE), ziekte van Parkinson en kanker.

Professor R. Simpson, *American Cancer Society*

Willen we bof en mazelen inruilen tegen kanker en leukemie?

Dr. Robert Mendelsohn

Verschillende Duitse wetenschappers hebben het verband tussen "multiple sclerose" (MS) en vaccinaties tegen pokken, tyfus, kinderverlamming en tuberculose aangetoond.
British Medical Journal, 1967.

Sommige vaccinstammen kunnen degeneratieve ziekten, zoals reumatische artritis, leukemie, diabetes en "multiple sclerose" veroorzaken.
Dr. Glen Dettman in: *Australian Nurses Journal*.

Elk vaccin kan een lichte of ernstige vorm van hersenontsteking veroorzaken.

Harris L. Coulter in: *Vaccination, Social Violence and Criminality*, 1990.

Elk vaccin veroorzaakt een milde vorm van een hersenaandoening; het vernietigt hersencellen.

Dr. Gerhard Buchwald in: *Impfung, das Geschäft mit der Angst*, 1994.

De gevolgen van vaccinaties zijn niet altijd meteen zichtbaar. Neurologische en psychische stoornissen zoals ADHD, autisme, dyslexie, bipolaire stoornissen en verstandelijke handicaps kunnen worden toegeschreven aan kindervaccins.

Volwassen en gevaccineerd!

Het is belachelijk om te beweren dat er geen link bestaat tussen autisme en vaccinaties behalve die van toeval. De waarheid is dat kinderen beschadigd worden door vaccinaties.

Bernard Rimland, PhD, Directeur en oprichter van het Autism Research Institute of San Diego (Californië)

Van de 3.3 miljoen kinderen die jaarlijks in de Verenigde Staten het DTP-vaccin krijgen toegediend, zijn er bij 16.038 acute problemen. Bovendien zijn er veel kinderen met langdurige huilbuien, die door veel neurologen worden geduid als een irritatie van het centrale zenuwstelsel. Daarnaast hadden 8.484 kinderen binnen 48 uur na de injectie met het DTP-vaccin krampen. (1)

Dr. Allen Hinman en Dr. Jeffrey Copelan in "JAMA", Nieuwsblad van de American Medical Association.

Na vaccinaties zien ouders regelmatig emotionele stoornissen.

Er kunnen zelfs neurologische na effecten zijn als er geen andere opvallende of extreme reacties zijn.

23 jaar lang al, heb ik geconstateerd dat niet-gevaccineerde kinderen gezonder en sterker zijn dan gevaccineerde kinderen. Allergieën, astma en gedragsproblemen komen duidelijk veel meer voor bij mijn jonge gevaccineerde patiënten. Daarnaast is het zo dat gevaccineerde kinderen vaker en ernstiger vormen van infectieziekten hebben dan niet-gevaccineerde kinderen.

Dr.Philip Incao

(1) DTP = Difterie, Tetanus, Polio.

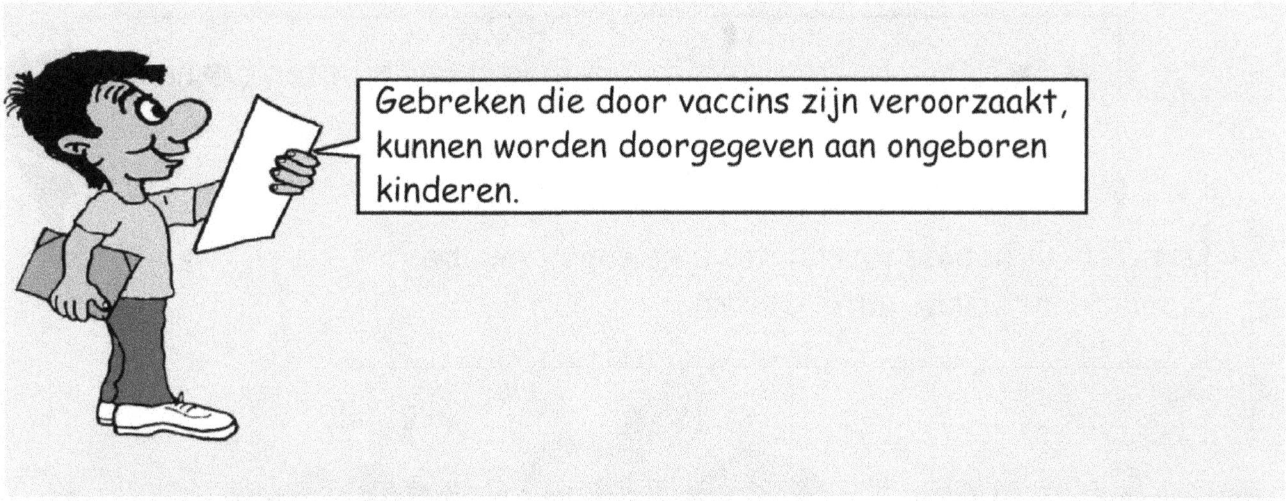

Gebreken die door vaccins zijn veroorzaakt, kunnen worden doorgegeven aan ongeboren kinderen.

HUWELIJKSBUREAU 'HET PAST'

Ik ben op zoek naar een ongevaccineerde man.

Dat wordt lastig.

Vaccinaties veroorzaken genetische veranderingen en verworven hartafwijkingen.

Dr. Gerhard Buchwald in: *Vaccination, A Business Based on Fear*, 1994.

Weinig artsen willen toegeven dat een sterfgeval of een complicatie te wijten is aan een methode die ze aanbevelen en in geloven.

Professor George Dick in: *Britisch Medical Journal BMJ*, Juli 1971.

Verzwegen bijwerkingen

Medische autoriteiten zijn erg terughoudend om schadelijke bijwerkingen die door vaccinaties worden veroorzaakt te erkennen.

In Frankrijk is door tussenkomst van de LNPLV (1) in 1956 een wet aangenomen om de slachtoffers van verplichte vaccinaties te compenseren.

(1) Lique Nationale Pour la Liberté des Vaccinations (Nationale Liga voor Vaccinvrijheid).

Bij vaccinaties zijn er vaak complicaties die nooit worden genoemd, maar wel veel voorkomen en soms fataal zijn.

Dr. Jacques Maurice Kalmar

In 1955 hebben Salk poliovaccins ertoe geleid dat meer mensen polio kregen van het vaccin dan van het natuurlijk poliovirus. Na de spectaculaire mislukking van het poliovaccin werd een briljant middel gevonden om Salk's onschuld aan te tonen. Men veranderde de normen voor de diagnose polio.

Prof. Bernard Greenberg

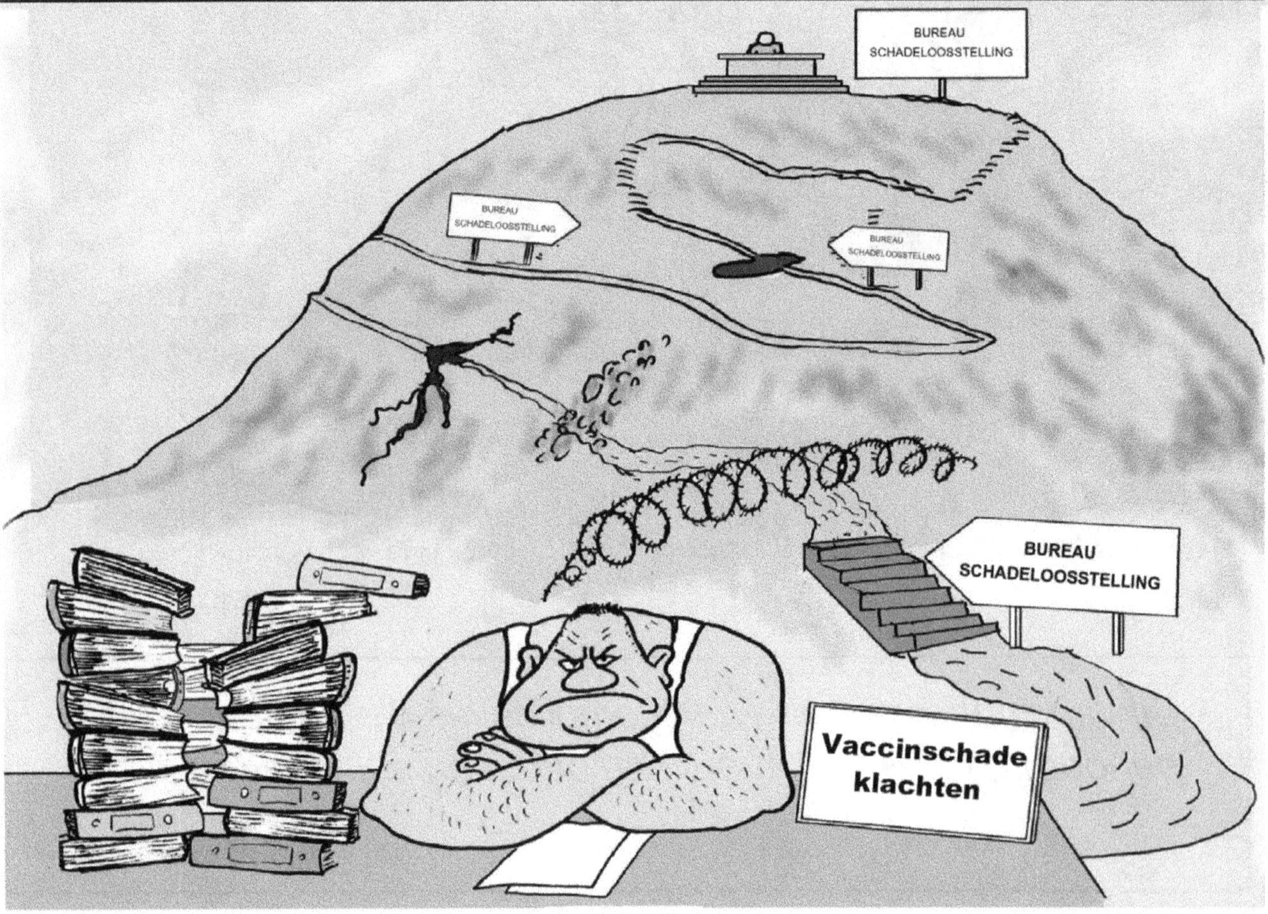

Het testen van vaccins wordt meestal gedaan op proefkonijnen, zoals gevangenen of kinderen in een weeshuis en zwakbegaafde mensen, die daar geen toestemming voor geven. Daarnaast gebeurt het vaak in Derde Wereldlanden.

Gezien de schade die veroorzaakt wordt door de vaccinatie-experimenten op de kinderen in Afrika, zouden de fabrikanten ertoe veroordeeld moeten worden om zelf deze experimenten te ondergaan.

Ik... eh... denk dat ik liever investeer in de alternatieve geneeskunde.

Kansarme mensen in Derde Wereldlanden hebben middelen nodig om voedsel te produceren en betere hygiënische omstandigheden; geen vaccins. De situatie in Biafra (1) is een voorbeeld van de problemen met 'humanitaire' hulp. Donaties die bedoeld waren om een stervend en ontreddderd volk te helpen, werden in plaats daarvan gebruikt om vaccins te kopen die niet langer gebruikt werden in welvarende landen omdat ze ernstige bijwerkingen vertoonden. (2)

(1) Tijdens de afscheidingsoorlog met Nigeria (1967/1970)
(2) Twee miljoen doses orale vaccins en 800.000 doses mazelen (MMR) vaccins.

Met deze gevoelige beelden zullen de donaties binnenstromen.

Nu kunnen we mooi van die ongewenste vaccinvoorraad afkomen.

Tweederde van de kinderen die aan wiegendood stierven hadden drie weken daarvoor het D.T.P. vaccin toegediend gekregen.

Dr. William Torch in: *Neurology*, 1982.

In 1992 toonde een studie in *The American Journal of Epidemiology* aan dat een kind acht keer meer kans heeft om drie dagen na het DTP-vaccin (Difterie, Tetanus en Polio) te overlijden dan een niet-gevaccineerd kind.

Vaccins zijn nutteloos
Vaccins beschermen niet
Vaccins zijn schadelijk

Dr. Gerhard Buchwald in: *Vaccination, A Business Based on Fear*, 1994.

Beweren dat je een collectieve immunisatie-barrière vormt, en die blindelings toepast in een antihygiënische omgeving, is het hoogste niveau van stommiteit.

Dr. Jacques Maurice Kalmar

Wat als vaccinaties een heel ander doel dienen?
Vaccinatiepropaganda heeft ons al slaven gemaakt van valse dogma's.
Kunnen we het ons nog erger voorstellen?
Wat als vaccinatie onze menselijke ontwikkeling stopt?

We hebben een manier gevonden om die stoere jongens er onder te krijgen. Deze valse druïde gaat ze ervan overtuigen dat het een nieuw magisch kruid is.. terwijl het ze in feite beetje bij beetje verzwakt en seniel maakt.

Vgl. "Asterix & Obelix".

Samenstelling van vaccins

Dr. Michel Georget, *Vaccination: The unwanted truths (De ongewenste waarheden)*, Dangles 2017.
       (1) Pagina's 73-78 (met talloze wetenschappelijke referenties).
       (2) Pagina's 91 to 124 (met talloze wetenschappelijke referenties).
GMO = Genetisch gemanipuleerde organismen.
BUTYLFOSFATEN = Zeer giftige stof. Wordt onder andere gebruikt om plastics op te lossen (weekmaken).

(1) Het Simian 40 virus werd voor het eerst ontdekt in de weefsels van de nieren van apen.
(2) Daarnaast in verschillende vormen van kanker bij mensen.

Een medisch team van het Baylor College in Houston vond het SV40 virus in de weefsels van patiënten met hersentumoren en mesothelioom (borstvlieskanker). Dit virus, dat een kankerverwekker is, is bij zeshonderd miljoen mensen wereldwijd geïnjecteerd via het polio-vaccin.

Michael Thibon-Cornillod (technisch adviseur voor het Ministerie van Gezondheid in Frankrijk) in *Sciences Actualités* van mei 1998.

(1) Neurotoxinen zijn gifstoffen die de werking van het zenuwstelsel beïnvloeden.

We worden bedreigd door onze angsten. We zijn ziektekiemen aan het bestrijden tot de dood toe, met methoden die toekomstige generaties zullen doen huiveren.

Dr. Jacques Maurice Kalmar

De opzettelijke en onnodige toediening van besmettelijke virussen in het menselijk lichaam is een gestoorde daad die komt van een diepe onkunde over virologie en het proces van infectie. De schade die wordt toegebracht is bij lange na zelfs niet te berekenen.

Prof. R. Delong, viroloog en immunoloog aan de Universiteit van Toledo in de Verenigde Staten.

Met de micro-organismen die geïnjecteerd worden is zo geknoeid dat de meerderheid van de mensen chronische ziekten ontwikkelen, waarvan het moeilijk is om de herkomst op te sporen.

Dr. Jacqueline Bousquet, Doktor der Wissenschaften, früher Forscherin am CNRS (Centre National de Recherches Scientifiques, Nationales Zentrum für wissenschaftliche Forschung).

Als ze nog maar zes maanden oud zijn, hebben de meeste baby's al vijftien doses vaccins gehad die kwik bevatten. Het is onmogelijk dat deze zware belasting van vreemd immunologisch materiaal dat geïnjecteerd wordt in het onvolwassen immuunsysteem van kinderen, geen verstoringen en schadelijke bijwerkingen zouden hebben in hun systemen.
Harold E. Buttram, (MD) and John C. Hoffman (PhD)

U adviseert steeds om alles te steriliseren, en daarna injecteert u een etterende soep direct in zijn lichaam!

Het injecteren van vreemde proteïnen en zelfs levende virussen (besmet met 'moderne' vaccins) in de bloedbaan van een kind is een grote aanval op zijn/haar immuunsysteem.
Amerikaanse arts en vaccinatie-deskundige Dr. Richard Moskovitz

Wanneer wij proteïnen eten, weet het lichaam precies hoe deze in kleinere bouwstenen (de aminozuren), moeten worden afgebroken. Maar als dierlijke eiwitten zonder eerder te zijn afgebroken, direct in de bloedbaan worden geïnjecteerd, kan een auto-immuunreactie het gevolg zijn. Door stoffen te injecteren, die geen deel van ons organisme uitmaken, omzeilen we de beschermende mechanismen van het lichaam. Hierdoor worden andere afweermechanismen op de meest gevaarlijke manier geactiveerd.

Dr. Robyn Cosford, MD

Miljarden doses virusvaccins worden gekweekt op culturen van kankercellen; deels dierlijke (1), deels menselijke oorsprong (2). Restanten van vreemde eiwitten zijn aanwezig in het vaccin, zelfs na filtratie. Dierlijke stoffen behoren ook tot de hulpstoffen (3).

1) *Hamsters, apen, kippenembryo's, vee, enz.*
2) *Menselijke foetussen.*
3) *Onder andere varkensgelatine en squaleen. Injecteert men squaleen in de bloedbaan, dan wordt het lichaamseigen squaleen aangevallen. Dit kan aanleiding zijn tot het ontstaan van een auto-immuunreactie.*

Geen van de vaccinstammen die van apen worden verkregen is vrij van neurologische giftigheid.
Dr. Daniel Garcia Silva in: *Le Maroc Médical, Nr 43*, 1999.

Identieke vaccins voor mensen, die allemaal verschillend zijn

Vaccinologen zijn er niet in geïnteresseerd of mensen, die zij van plan zijn te vaccineren, gelijke immunologische reacties hebben of verschillende ongunstige reacties vertonen.

Met de grootte en het gewicht van de te vaccineren persoon wordt zelfs geen rekening gehouden.

Krijgt mijn baby dezelfde dosis als ik? Dan verwent u hem wel heel erg!

Je kunt gemakkelijk - helaas - grote aantallen mensen standaardiseren op een mentaal niveau, maar niemand is er ooit in geslaagd om ze op immunologisch niveau te standaardiseren.

Dr. Jacques Maurice Kalmar

VACCINS ILLUSIES

Immuno-Neuro-Hormonale Harmonie

IMMUUNSYSTEEM (IS) ZENUWSTELSEL (ZS) HORMONAAL SYSTEEM (HS)

Het immuunsysteem werkt in op het zenuwstelsel en de hormonale systemen.

Onze gezondheid hangt af van het juiste functioneren en de juiste interactie van deze drie systemen.

Stress is ook een aanval op het zenuwstelsel. Het veroorzaakt een hormonale onbalans en een onbalans in het immuunsysteem.

Vaccinaties veroorzaken ook stress in het immuunsysteem. Als het immuunsysteem constant wordt aangevallen door meerdere vaccinaties, heeft het een nadelige invloed op de hormonale balans. (1)

(1) Michel Georget: *Vaccination - les vérités indésirables*, Dangles 2002, 61-63.
Harris L. Coulter: *Vaccination, Social Violence and Criminality.*, München 1992.

De microbe is niets, de omgeving is alles.

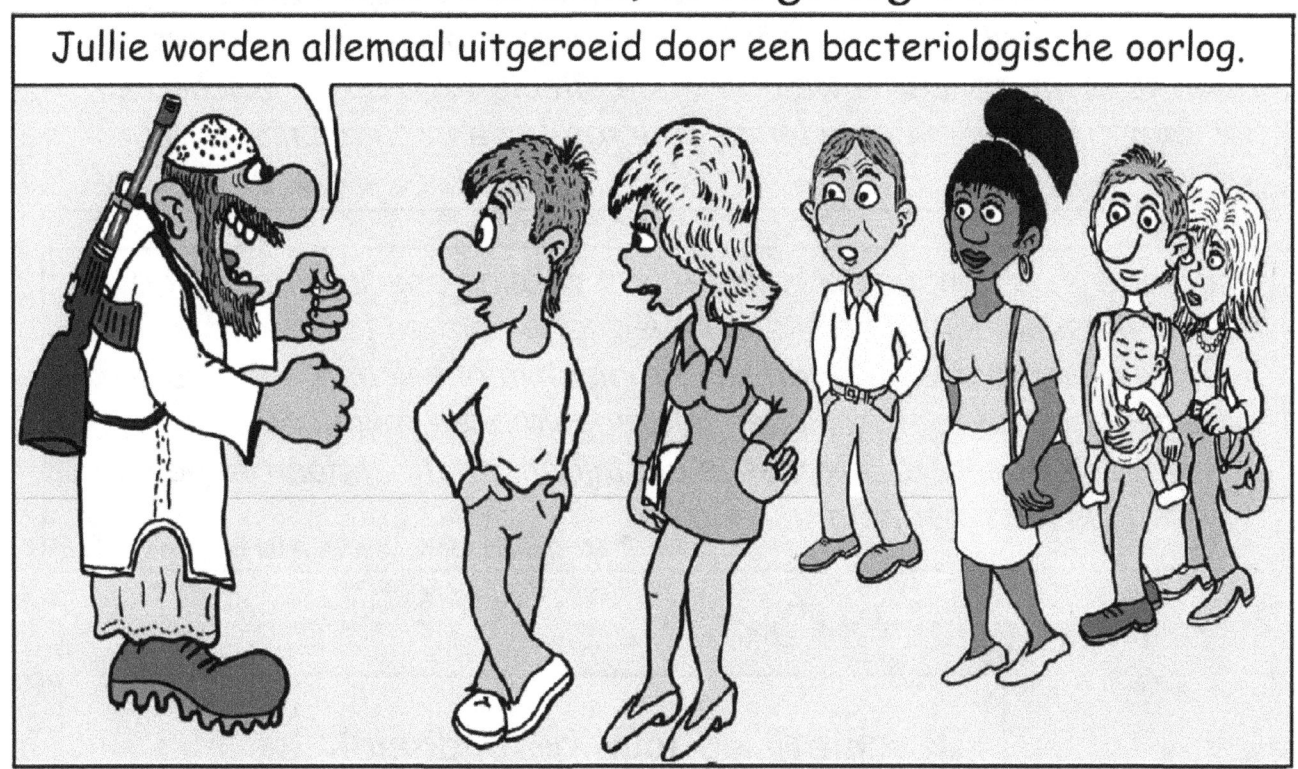

Ik noem dit vaccinamania. We hebben een punt bereikt dat niet meer wetenschappelijk verdedigbaar is. Het injecteren van nieuwe vaccins in het lichaam, zonder te weten wat de effecten zijn op de functie van het immuunsysteem op de lange duur, grenst aan criminaliteit.

Nicolas Regush, medisch journalist

Niemand is zo dom om te beweren dat vaccins ons 'immuniteit' geven tegen virussen, terwijl ze juist ons vermogen om ze te bestrijden verzwakken, en ons forceren ze chronisch in ons lichaam te houden. In tegendeel, een dergelijke lange draagtijd ondermijnt ook ons vermogen om andere infecties te bestrijden, en moet daarom gezien worden als afweeronderdrukkend.

Dr. R. Moskowitz (doctoraal van Harvard Universiteit)

Het immuunsysteem wordt vooral beschadigd door opeenvolgende routinevaccinaties.

Het immunologisch verdedigingsmechanisme verzwakt aanzienlijk bij de vele kinderen die de gebruikelijke vaccinatieprogramma's volgen.

Le Concours Médical, 20 Januari 1974

Bescherming

Verre van een bescherming te zijn voor de niet-gevaccineerden, zijn de gevaccineerden juist een gevaar voor de rest van de bevolking, omdat ze die kunnen besmetten. Dat komt omdat bewezen is dat ze poliovirussen kunnen dragen en overbrengen via hun darmkanaal en op mogelijk andere manieren.

Dr. Yves Couzigou

De gevallen van polio door contacten met door het orale vaccin gevaccineerden zijn welbekend.

In: *Le Généraliste*, 19 Februari 1985

Vaccinatie: een soort van magie

Het mechanisme van het vaccineren om immuniteit te genereren, is aan de andere kant nogal onnatuurlijk. In plaats van geleidelijke blootstelling aan een relatief laag niveau van micro-organismen, worden er massale aantallen antigenen in het lichaam geïntroduceerd door een serie van vaccinaties die achter elkaar in een korte tijdsperiode worden gegeven.

Alle vaccins, met de uitzondering van het OPV (oraal poliovaccin), worden direct in de bloedbaan ingespoten, waardoor het mucosale (slijmvlies) barrière, ook wel genoemd het secretoire IgA (sIgA), wordt gepasseerd.

Secretoir IgA verdedigt de slijmvliezen en stimuleert de groei en hechting van gunstige bacteriën. Het is de eerste in een serie verdedigingsniveaus in het immuunsysteem. Het functioneert als een buffer dat microben filtert, zodat de impact van deze binnendringende organismen grotendeels is verminderd als deze de bloedbaan bereiken. De sIgA zorgt ervoor dat antigenen op dezelfde manier worden verwijderd als ze aankwamen - door de mucosale barrière - door middel van proesten, niezen, hoesten en zweten.

Dus een vaccin dat geïnjecteerd wordt, passeert het secretoire sIgA. Het geeft het lichaam geen waarschuwing en het lichaam geeft geen algemene reactie op ontsteking omdat het geen kans krijgt om het te herkennen, te dupliceren of zich te verdedigen tegen toekomstige uitdagingen van typische antigenen.

Dr. Robert Mendelsohn, MD (Pediatrician): *How to Raise a Healthy Child in Spite of Your Doctor: One of America's Leading Pediatricians Puts Parents Back in Control of Their Children's Health*, 1987.

Terwijl de houding en de dictatoriale claims door vaccinatiediensten op fantasierijke vooronderstellingen zijn gebaseerd, is ons standpunt (tegen het vaccindogma) juist gebaseerd op hedendaagse wetenschappelijke kennis.

Dr. Jacques M. Kalmar

Vaccinatie is geen bescherming, het is net andersom, het is een besmetting.
Dr. Jacques Michaud in: *Pour une médecine différente*, 2006.

Het is geen verstandig medisch handelen om iemands leven op het spel te zetten door iemand te onderwerpen aan een ineffectieve behandeling, met de bedoeling een ziekte te vermijden die zich vermoedelijk nooit zal aandienen.
Dr. med. Kris Gaublomme

Menselijke domheid is de oorzaak van de ergste rampen...
Montaigne

...daarnaast is het een onuitputtelijke bron voor hen die weten het te exploiteren.
Dr. med. Toulet

(1) Een anafylactische shock is een ernstige allergische reactie op lichaamsvreemde stoffen (allergenen).

Het is ook niet onbelangrijk, zoals Jules Romains duidelijk maakt in zijn toneelstuk, dat het lezen van door de farmaceutische industrie gepubliceerde en gepromote literatuur in feite een normaal onderdeel is in de postuniversitaire opleidingen van artsen. — Prof. Henri Péquignot

Paniek heeft het enorme voordeel dat het een verplichte en afgedwongen handeling in een spontane medische handeling kan veranderen, die door de patiënt zelf wordt geclaimd. Dat gebeurt als hij (de patiënt) overmand wordt door een grote, verlammende angst, waardoor hij ineens gelooft hoe belangrijk die handeling voor hem is. Door af en toe één of ander vaccin te 'lanceren', creëert het ministerie van gezondheid, met behulp van de media, op een 'slimme' manier een consensus van opinies.

Concours Médical, over de epidemie in Vannes - Frankrijk, 1955.

> *Het is een tragedie dat mensen zó blind zijn. Ze zien alleen af en toe een kleine onvolkomenheid. Ziekenhuizen en begraafplaatsen zijn vol met mensen die zich rustig laten doden door de enige kwade macht die ze met zorg zelf hebben veroorzaakt: de kracht van hun onwetendheid.*
>
> Dr. Jacques M. Kalmar

> *Het is vreselijk om te zien dat grote delen van de menselijke oceaan zijn geprogrammeerd door onzichtbare zendstations op een onzichtbare mentale frequentie die menselijke wezens reduceert tot de status van een papagaai.*
>
> Andrew Thomas:
> On the shore of infinite worlds, 1976.

Van geestelijke verkrachting tot fysieke verkrachting

Of vaccinatie nu verplicht is of niet, gedwongen vaccinatie is verkrachting. Daaraan meedoen is moorddadig.

Dr. Ghislaine Lanctot, *The Medical Mafia, Bridge of Love* 1995.

Politici zijn verantwoordelijk en schuldig. Hun schuld is gebaseerd op het feit dat ze alle informatie over het huidige systeem in de hand hebben. Ze weten heel goed dat expertise eenrichtingsverkeer is. Ze weten van de geheime verstandhouding tussen experts en verkopers. Ze accepteren deze situatie. Daarom zijn politieke leiders verantwoordelijk en schuldig.

Dr. Jacques Lacaze

De introductie van het BCG-vaccin is een model van economisch gangsterdom, een gigantische en corrupte commerciële operatie. Niets mist er in het scenario: een gekke uitvinder, laboratoriumexperimenten waarmee geknoeid is; een pseudo-wetenschappelijke setting, gedeeltelijk weergegeven statistieken, schaamteloze advertentiecampagnes en betaalde steun door de elite. Als sublieme truc, vrije toegang tot het product... gefinancierd door de belastingbetalers zelf!

Dit blijkt veel meer voor te komen. Het Franse publiek is gewend aan schandalen. Maar het BCG-vaccin overtreft het toppunt van sluwheid; het ultieme en succesvol manoeuvreren van een duivelse dwang, die bedacht is door de promotors, de Raad van de Franse Republiek: BCG-vaccinatie werd verplicht gesteld.

Dr. Jean Elmiger: *La Médecine retrouvée*, Éd. Léa, 2012.

Bacillus Calmette-Guérin (BCG) is een vaccin tegen tuberculose dat gemaakt wordt van de verzwakte nog levende, bij runderen voorkomende tuberculosebacterie.

Wij vaccineren omdat het de wet is. Maar deze wet wordt min of meer geregisseerd door de machtige lobbynetwerken van de farma-industrie

Dr. med. Alain Perrier

Alleen door een voortdurende strijd en het ontwikkelen van solidariteit kunnen we onze vrijheid herwinnen. Een vrijheid die ons straffeloos is afgenomen, dank zij een onwetend publiek en een medische dictatuur die in de wereld zijn gelijke niet kent.

Mr. Frederic Hoffet, advocaat bij de balie van Straatsburg

De meeste artsen geloven dat vaccinaties nuttig zijn, maar als ze de moeite zouden nemen om de officiële statistieken te bestuderen en de omstandigheden waaronder en wanneer de verschillende ziektes zich hebben voorgedaan, dan zouden ze merken dat men ook hun heeft voorgelogen. Gelukkig zijn er ook steeds meer dokters en PhD-wetenschappers bereid om hun carrières in gevaar te brengen om u te waarschuwen dat vaccins niet veilig en effectief zijn.

Dr. Archie Kalokerinos

De laatste drie Franse ministers van Volksgezondheid waren allemaal in dienst van de farmaceutische industrie.

De vaccin-hysterie van vandaag kan een totalitaire nachtmerrie veroorzaken.

Dr. Lee Hieb, MD

Terwijl ouders en medisch personeel over het algemeen geen praktische kennis hebben van de bekende gevaren en onwetendheid over mogelijke gevolgen van vaccinaties op de lange termijn, worden dergelijke acties nog steeds aangemoedigd en zelfs opgelegd door de autoriteiten. Dit procedé zou eigenlijk strafbaar moeten worden gesteld.

Raymond Obomsawin

Vaccinaties verplichten is een schande en in strijd met de wet! Het injecteren van vergif in kinderen is verkeerd, onethisch en immoreel.

Dr. med. Ch. Rose (Dorking)

Vaccinaties worden door steeds meer doktoren en wetenschappers in twijfel getrokken. Niettemin wordt door overheden wereldwijd steeds meer druk uitgeoefend om vaccinaties verplicht te stellen. In 2017 en 2018 werden Italië en Frankrijk kampioen in verplichte vaccinaties.

In Frankrijk werd voor kinderen onder de leeftijd van twee jaar, van drie naar elf verplichte vaccinaties overgegaan. Ofschoon bewezen is, dat het immuunsysteem van deze kinderen nog niet is volgroeid, volgen de overheden de bevelen van Big Pharma blindelings op.

Met schaamteloze leugens van de kant van een premier of een minister van Volksgezondheid worden dit soort zaken altijd weer gerechtvaardigd.

Iedereen kan een rol spelen in het verzet tegen het totalitaire karakter van de mensen, die zich als voorvechter inzetten voor verplichte vaccinatie.

Dr. Russell L. Blaylock

VANDAAG

Door middel van leugens zijn deze barbaarse handelingen aan de wereld opgedrongen.

De situatie wordt zelfs nog erger als bepaalde landen vaccins wettelijk verplicht stellen.

Mijn gezondheid is mijn verantwoordelijkheid.

MORGEN

Na vele schandalen, zoals de gekke koeienziekte, besmet bloed, antibiotica en nog veel meer, zal het grootste schandaal naar buiten komen zodra we de muur van stilte rond vaccinaties afbreken.

U wordt gearresteerd wegens misdaden tegen de mensheid.

Bibliografie

Dr. Ancelet, Eric: *Pour en finir avec Pasteur, un siècle de mystification scientifique,* Marco Pietteur, 1998.
Dr. Appleton, Nancy, (MD): *The Curse of Louis Pasteur,* O.A., 1999.
Dr. Appleton, Nancy, (MD): *Rethinking Pasteur's Germ Theory: How to Maintain your Optimal Health,* O.A., 2002.

Bachmair, Andreas, (Homöopath): *Vaccine Free: 111 Stories of Unvaccinated Children,* Hrsg., 2012.
Prof. Béchamp, Antoine: *Les microzymas dans leurs rapports avec l'hétérogénie, l'histogénie, la physiologie et la pathologie,* Éd.Hachette Livre BNF, 2016.
Prof. Béchamp, Antoine: *The Blood and its Third Element, 1912-2010,* Osiran 2011.
Dr. Bensaid, Norbert: *La Lumière médicale,* Le Seuil, 1981.
Dr. Berthoud, Françoise: *Mon enfant et les vaccins,* Éd. Vivez Soleil, 1994.
Bickel, René: *Le Malade enchaîné,* Hrsg., 1999.
Bickel, René: *Les Chemins de la souveraineté individuelle,* Hrsg., 2009.
Boaz, Noël: *Evolving Health, the Origin of Sickness and How the Modern World is Making us Sick,* 2002.
Bousquet, Jacqueline: *Au cœur du vivant,* Aureas, 1992.
Buchwald, Gerhard, (MD): *Vaccination, A Business Based on Fear,* 1994.

Buttram, Harold E, (MD) & Hoffman, John C, (PhD): *The immune trio - vaccination and Immune Malfunction*, 1995.
Buttram, Harold E, (MD) & England, Christina: *Shaken Baby Syndrome or Vaccine-lnduced Encephalitis?*, 2011.

Cave, Stephanie & Mitchell, Deborah: *What your Doctor May not Tell You about Children's Vaccinations*, 2001.
Dr. Chavanon, Paul: *La Diphtérie - Traité de thérapeutique et immunisation*, O.A. 1932 .
Dr. Chavanon, Paul: *On peut tuer ton enfant*, Éd. Médicis, 1938.
Dr. Chèvrefils, Paul-Émile: *Les Vaccins, racket et poison?*, Chèvrefils, 1965.
Dr. Choffat, François: *Vaccinations: Le Droit de choisir*, Éd. Jouvence, 2017.
Dr. Coulter, Harris, (PhD): *Vaccination, Social Violence and Criminality*, North Atlantic Books, 1990.
Dr. Coulter, Harris, (PhD): *Impfungen, der Großangriff auf Gehirn und Seele*, Hirthammer Verlag, 1992.
Dr. Coulter, Harris & Loe Fisher, Barbara: *A Shot tn the Dark*, Avery Publishing Group, 1991.
Dr. Couzigou, Yves: *Phobie des microbes et manie vaccinale*, Vie et Action, 1992.
Craig, Jennifer, (PhD, BSN, MA): *Dhom, Jabs, Jenner and Juggernauts*, 2009.

Darmon, Pierre: *La Longue Traque de la variole*, Perrin, 1986.
Dr. De Brouwer, Louis: *Sida: Le Vertige. Résultat criminal de la recherche ? Maladie nouvelle engendrée par les vaccinations?*, Hrsg.,1995.
Dr. De Brouwer, Louis: *Vaccinations: erreur médicale du siècle*, Éd. Louise Courteau, 1999.
Decourt, Philippe: *Les Vérités indésirables - Le Cas Pasteur*, (Archives internationales Claude Bernard), Éd. La Vieille Taupe, 1989.
Delarue, Fernand: *L'Intoxication vaccinale*, Le Seuil, 1977.
Delarue, Fernand: *Les vaccinations n'ont pas fait régresser les épidimies*, Ligue nationale pour la liberté des vaccinations, 1967.
Delarue, Simone: *La Rançon des vaccinations*, LN PLV, 1988.
Prof. Delong, Richard (Biologist): *Live Viral Vaccine, Biological Pollution*, Cartlon Press Corp, New York, 1996.
Prof. Duesberg, Peter (Biologist): *Inventing the AIDS Virus*, Regnery Publishing, 1996.
Douglas Hume, Ethel: *Béchamp or Pasteur? A Fast Chapter in the History of Biology*, 1923-2010.
Dunkelberger, Kathleen (RN BC CLNC): *No Vaccines for Me!*, AuthorHouse 2010.

Dr. Elmiger, Jean (MD): *The Treatment of Auto-Immune Diseases*, Hrsg. 2010.
Dr. Elmiger, Jean (MD): *La Médecine retrouvée*, Éd. Léa, 2012.
Elsner, Todd M. (DC): *What The Pharmaceutical Companies Don't Want Vou to Know about VACCINES*, National Health Publications, 2009.

Dr. Ferru, Marcel: *La Faillite du BCG*, Éd. Princeps, 1977.
Fry, Stephen: *Bitter pills -Inside the Hazardous World of Legal Drugs*, Bantam, 1998.
Dr. Frompovich, Catherine, (MD, Health Researcher and Journalist): *Vaccination Voodoo: What YOU Don't Know about Vaccines*, CreateSpace Independent Publishing Platform, 2013.

Georget, Michel: *Vaccinations: Les vérités indésirables – S'informer, choisir, Assummer,* Dangles, 2017.

Prof. Grigoraki, Léon: *Tuberculose et vaccin B.C.G.,* O.A. 1966.

Hodges, John W. (MD): *The Vaccination Superstition: Prophylaxis to be Realized Through the Attainment of Health, Not by the Propagation of Disease; Can Vaccination Produce Syphilis?* Sagwan Press, 2014.

Hume, Ethel Douglas: *Béchamp ou Pasteur,* Forgotten Books, 2018.

Joët, Françoise: *Tétanos: le mirage de la vaccination,* Alis, 2019.

Joët, Françoise & Bernard, Claude: *Hépatites: les vaccins catastrophe,* Alis, 1996.

Joseph, Jean-Pierre (Maître/Rechtsanwalt): *Vaccins - On nous aurait menti ? L'avis d'un avocat* Testez Editions, 2013.

Dr. Kalmar, Jacques Maurice: *Immunologie et vaccinations,* Éd. Les Bardes, 1972.

Kalokerinos, Archie (MD): *Medical Pioneer of the 20th Century, an Autobiography,* Biological Therapies Publishing, 2000.

Kalokerinos, Archie (MD), Dettman G. & Dettman I.: *Vitamine C, Nature's Mitaculous healing Misslie,* Melbourne, 1993.

Klenner, Frederick Robert (MD): *The Treatment of Poliomyelitis and Other Virus Diseases with Vitamin C,* Reidsville, North Carolina, 1949.

Klenner, Frederick Robert (MD): *Vitamin C Heilt Kinderlahmung in 72 Stunden - 20.000 MG Vitamin C Taglich,* Books on Demand, 2016.

Dr. Lambrich, Louise L.: *Les vérités médicales,* Paris, 2013.

Dr. Lanctôt, Guylaine (MD): *La mafia médicale. Comment s'en sortir et retrouver santé et prospérité,* Édition Voici la Clef, 2002.

Dr. Lanctôt, Ghislaine (MD): *The Medical Mafia, Bridge of Love,* 1995.

Dr. Lanctôt, Ghislaine & Schafer, Joachim: *Le Procès de la mafia médicale,* Éd. Voici la Clef, 1998.

Langlet, Roger & Topuz, Bernard: *Des lobbies contre la santé,* Éd. Syros, 1998.

Loir, Adrien: *À l'ombre de Pasteur; souvenirs personnels,* Éd. Le Mouvement sanitaire, 1938.

Machelard, Yves: *Vacciner ou ne pas vacciner votre enfant,* Éd. Harmonie et Santé, 2009.

Dr. Mendelsohn, Robert (MD): *Confessions of a Medical Heretic,* 1979.

Dr. Mendelsohn, Robert (MD): Des *enfants sains, même sans médecin,* Éd. Vivez Soleil, 1987.

Miller, Neil Z. (Journalist): *Immunization Theory Vs. Reality: Expose on Vaccinations,* 1995.

Michaud, Jacques: *L'homéopathie pour une médecine différente,* Hrsg. 1977.

Neveu, Auguste Pierre: *Comment prévenir et guérir la poliomyélite : . 5e édition. Traitement cytophylactique des maladies infectieuses par le chlorure de magnésium,* Dangles, 1968.

Nonclercq, Marie: *Antoine Béchamp, l'homme et le savant,* Maloine, 1982.

Orient, Jane M. (MD): *Your Doctor Is Not In,* 1994.

O'Shea, Tim (DC): *The sanctity of hum an blood - Vaccination is not Immunization,* 2001.

Dr. Pilette, Jean: *Nous te protègerons! Vaccin Polio,* Éd. Marco Pietteur, 2001.
Dr. Pilette, Jean: *La poliomyélite, quel vaccin? Quel risque?* Éd. de l'Aronde, 2004.

Quentin, Marie-Thérèse: *Les Vaccinations, prévention ou agression,* Éd. Vivez Soleil, 1995.

Rader, Serge, Montanari, Stefano & Gatti, Antonietta: *Vaccins, oui ou non?,* Talma Studios, 2018.
Rampton, Sheldon & Stauber, John: *Trust Us we're Experts - How Industry Manipulate Science and Gambles with your Future,* 2001.
Raspail, Xavier: *Raspail et Pasteur – Trente ans de critique médicale et scientifiques,* 1916.
Regush, Nicholas: *The Virus Within,* O.A., 2001.
Prof. Roitt: *Immunologie fondamentale et appliquée,* Éd. Medsi, 1989.

Dr. Schaller, Christian, Tal: *Vaccins, un génocide planétaire?,* Testez Editions, 2009.
Dr. Scheibner, Viera (PhD): *Vaccination, 100 Years of Orthodox Research Shows that Vaccinations Represent an Assault on the Immune System,* Maryborough 1993.
Dr. Scohy, Alain: *Les Dessous des vaccinations,* Éd. Cheminement, 2000.
Simon, Sylvie: *Vaccination, l'overdose,* Éd. Déjà, 1999.
Simon, Sylvie: *La Dictature médico-scientifique,* Ed. Dangles, 2006.
Simon, Sylvie & Dr. Vercoutère, Marc: *Hépatite B, les coulisses d'un scandale,* Éd. Marco Pietteur, 2001.
Simon, Sylvie: *Vaccins, mensonges et propagande,* Éd. Thierry Souccarm, 2013.

Tenpenny, Sheri J. (DO): *Saying No to Vaccines: A Resource Guide for Ali Ages,* 2008.
The Australian Vaccination Network: *Vaccination Roulette: Experiences, Risks and Alternatives,* 1998.
Prof. Tissot, Jules: *Constitution des organismes animaux et végétaux, causes des maladies qui les atteignent,* 3 volumes, Éd. du Laboratoire de Physiologie Générale, Paris, 1946.
Prof. Tissot, Jules: *La Catastrophe des vaccinations obligatoires,* Éd. de l'Ouest, 1950.
Thomas, Andrew: *Sur le rivage des mondes infinis - Une reserche de la vie cosmique,* Edition Albin, 1976.

Vie et Action: *Le Pasteurisme dépassé: Béchamp et Tissot contre Pasteur,* n° 32.

Walene, James: *The Vaccine Religion: Mass Mind & The Struggle for Human Freedom,* 2012.
Welter, Colette (PhD): *La mort subite du nourrisson,* O.A.
Welter, Colette (PhD): *Der plötzliche Kindtod ist kein Schicksal,* O.A.
Whitlock, Chuck: *Mediscams, How to Spot & Avoid Health Care Scams, Medical Fraud & Quackery from the Local Physician to the Major Health Care Providers & Drug Manufacturers,* 2001.
Willner, Robert: *Deadly Deception the Proof that Sex and HIV Absolutely Do Not Cause AIDS,* Peltec Pub Co, 1994.

Boekenlijst

Nederlandse uitgaven
Nederlandse Vereniging Kritisch Prikken, *Ziekten & Vaccins: Nader bekeken* (2010).
Cisca Buis, Noor Prent & Tineke Schaper, *Vaccinaties doorgeprikt* (2015).
Noor Prent & Tineke Schaper, *Leven zonder vaccinaties* (2018).

Duitse uitgaven
Andreas Bachmair, *Leben ohne Impfung* (2013).
Dr. Jean F. Elmiger, *Die wiederentdeckte Heilkunst – Neue Homöopathie*.
Jürgen Fridrich, *Impfen mit den Augen des Herzens betrachtet* (2. Auflage).
Humphries Suzanne, *Die Impf-Illusion*.
Friedrich Klammrodt, *AD(H)S – eine Impffolge?*
Friedrich Klammrodt, *Schule – AD(H)S – Impfungen!*
Dr. Johann Loibner, *Impfen – das Geschäft mit der Unwissenheit*.

Franse uitgaven
Elke Arod, *Les racines de nos maladies (conséquences de la toxicité)* (2016).
Dr Jean. F Elmiger, *La médecine retrouvée*.
Dr Jean F. Elmiger, *Les maladies auto-immunes*.
Joët Françoise, *Tétanos – le mirage de la vaccination* (2019).
Michel Georget, *Vaccinations – les vérités indésirables*.

Brochures
EFVV, *Untersuchung über Impfnebenwirkungen* (1000 Fälle).
AEGIS.lu, *Broschüre HPV-Impfung* (für Jugendliche).
Dr. Gilbert H. Crussol, *Gesundheit und Vitamin C* (3 Artikel).
Eleanor McBean, *Impfungen schützen nicht*.
Dr. Jean Pilette, *Polio und Tetanus – Vermeidung und Heilung*.
Dr. André Neveu, *Polio ist heilbar*.
Colette Welter, *Impfen gegen Kinderkrankheiten?*
Colette Welter, *Der plötzliche Kindstod ist kein Schicksal*.

Internet

Nederland
www.nvkp.nl

Duitsland:
www.impfentscheid.de
www.impfkritik.de
www.impfen-nein-danke.de
www.efvv.eu (European Forum for Vaccine Vigilance)

Zwitserland:
www.impfentscheid.ch

Luxemburg:
www.aegis.lu

European Forum for Vaccine Vigilance

(www.efvv.eu)

The European Forum for Vaccine Vigilance is an alliance of member-organisations and individual members from 25 European countries. Their member-organisations consist of consumer groups and pro-choice groups whose members in turn include medical professionals and scientists.

Their combined memberships exceed 100,000. They call on all Europeans to stand together in a demand for a united vaccination policy based on freedom of choice and informed consent. They believe that mandatory vaccination is not only a serious risk but a violation of human rights and dignity. They therefore demand transparency and caution as well as recognition and concern for the many vaccine-injured in Europe and beyond.

Over de auteur

René Bickel werd in 1948 geboren, in de naoorlogse jaren, voor de opkomst van technologische vooruitgang en een op de consument gerichte samenleving.

"Ik had het geluk dat ik op het platteland ben opgegroeid, in een plaats die niet geplunderd werd door menselijke activiteit," zegt de cartoonist.

René Bickel is een autodidact en een toegewijde en vrijdenkende cartoonist. Hij verspreidt zijn boodschap als een echte ecoloog.

Hij heeft studies gevolgd over natuurlijke geneeswijzen, gedoceerd door de pioniers en promotors van natuurlijke hygiëne in Frankrijk. Hij gaf zijn eerste boek over *'Suiker en Voeding'*, zelf uit. Het stripboek was geïnspireerd door zijn afstudeer-werkstuk voor gediplomeerd adviseur in natuurlijke hygiëne en voeding.

"Hier staat theoretische kennis secundair, omdat individuele ervaring belangrijker is. Ik heb een groot vertrouwen in mijn lichaam gekregen en ben niet meer bang voor ziekten."

Zijn intuïtie vertelt hem dat je de geneeskunde niet kunt vertrouwen. In de zeventiger jaren werd René erg bezorgd over de gevaren van vaccins en heeft zich er sinds die tijd voortdurend in verdiept.

De cartoonist tekent geregeld cartoons voor verschillende tijdschriften. Zijn tekeningen kunnen op veel Franse en buitenlandse websites worden bekeken. Bovendien blijft hij een voortrekkersrol spelen in het publiceren van inspirerende en informatieve artikelen over het vrije denken, ecologie en natuurlijke geneeswijzen op zijn eigen website: www.bickel.fr

Van René Bickel zijn verschenen

La malade enchainé : Liberons-nous de mos chaînes (1995)

Les chemins de la souveraineté individuelle

VACCINATION
La Grande Illusion

O.G.M. : Farines animales et autres vacheries

Découvertes intercites,
l´affaire Beljanski

Être heureux : Le théâtre de la vie

L´Amorce d´un changement se dessine

Vaccination : The Great Illusion

Ne soyons pas dupes

www.ingramcontent.com/pod-product-compliance
Lightning Source LLC
Chambersburg PA
CBHW080250170426
43192CB00014BA/2623